青少年写作训练

全二册

基础篇

陆九奇 著

中国妇女出版社

版权所有·侵权必究

图书在版编目（CIP）数据

青少年写作训练：全二册 / 陆九奇著. -- 北京：中国妇女出版社，2023.8
ISBN 978-7-5127-2267-5

Ⅰ．①青… Ⅱ．①陆… Ⅲ．①作文课－中学－教学参考资料 Ⅳ．①G634.343

中国国家版本馆CIP数据核字（2023）第015069号

选题策划：紫帆·白进荣
责任编辑：赵曼
封面设计：仙境设计
责任印制：李志国

出版发行：中国妇女出版社
地　　址：北京市东城区史家胡同甲24号　邮政编码：100010
电　　话：（010）65133160（发行部）　65133161（邮购）
网　　址：www.womenbooks.cn
邮　　箱：zgfncbs@womenbooks.cn
法律顾问：北京市道可特律师事务所
经　　销：各地新华书店
印　　刷：天津光之彩印刷有限公司

开　　本：145mm×210mm　1/32
印　　张：12
字　　数：220千字
版　　次：2023年8月第1版　2023年8月第1次印刷
定　　价：98.00元（全二册）

如有印装错误，请与发行部联系

PREFACE 序

  许多青少年是勉为其难地完成中学写作课的，他们从未享受过写作的乐趣。这使得许多青少年步入大学后，排斥大学语文的学习，导致他们在未来的工作中拿不出一份像样的工作汇报、策划方案，甚至丧失了写文章的能力。造成这种现象的原因很多，要想解决这些问题，最好的方法无疑是从自己出发，通过有效的努力来改变。

  写作到底是什么？大部分人看过N部电影、超多电视剧，有丰富观影经验的人会猜想到故事的结局，或对导演和演员的表现有很专业的认识，但当他们热情洋溢地发表对导演的意见时，常常忽略了一件事：如果由自己来写一部剧本、导演一部影片呢？也许他们无从做起，结果可能更糟。我无意"吐槽"普通人的专业改编能力，而是想说：大部分人在提笔写一部剧本的时候是束手无策的——这不奇怪。

  除了编剧这种专业的写作之外，其他的写作也是一样。当我们对某部小说感到不满的时候，如果由我们自己来写，也会发现：写出一部结构严谨、故事一般的小说并非易事。这些现象其实都在提醒我们：阅读（观看）和创作（写作）之间是有某种巨大的鸿沟存在的，能够跳过去的人，依靠的绝不是一份勇气就行——我们只有洞察到阅读的本质、掌握写作的原理，才能在两者之间轻松地转换，才能在读书的同时，提出专业的修改意见。

为什么青少年学习了许多写作技巧，却难以写出一篇像样的文章？其中的道理不难理解：当我们更多在技巧方面徘徊、思索和运用的时候，我们常常忽略了写作的本质，从而不能从整体上把握写作的要义，难以在原理层面思考和安排全文。技巧是灵活而琐碎的东西，能解决一时的问题，却难以撼动一个人对写作的根本性认识。

所以在中学阶段，许多人不仅没有写出优秀的文章，反而出现写作能力的倒退，乃至对阅读丧失热情。多年的经验告诉我，造成这种结果的原因只有一个：我们没有真正理解写作的本质，故而无法敲开写作之门。不夸张地说，不少孩子到了初中、高中，写作的启蒙问题还没有解决，所写的"作文"只是一团模糊的、不知所云的松散文字的集合。这不只是结构问题，而是存在各种问题。

我发现，青少年对写作的认识常常是从以点概面开始的。当我们接触写作是什么的时候，老师会说"作文就是写句子",于是我们在句子堆砌中感知作文的定义;后来老师说"作文就是写一个简单的故事",于是我们冥思苦想创作故事;再后来,老师说"作文就是把图中看到的写出来,作文就是一道题……",也就是说,需要写几百字而已,或者写作文就是写心中所想的,写某个事件的过程,写出你观察的景致。最后,老师说"作文就是我手写我心",于是我们搓搓手、想想心中所想,露出一副茫然不知的表情。诸如此类。

我想说,这些说法都对,然而都片面。这些反复变化的概念确实影响了我们对写作的认知。这些概念在最初启发我们写作的时候,也许容易理解,但随着我们真正投入写作的实战中,你会发现那些概念有点似是而非。

那些对写作的定义,就像一片片花瓣,在不同的阶段伴随我们一段时间,但这些花瓣还是难以拼出一朵完整的花。我们不禁陷入思考:作文到底是什么?如何像数学课上的定理一样给作文下一个科学的定义?

作文确实是一件难以定义的事情,但是就没有一种定义可以很好地概括它吗?没有一种方式可以让我们对写作的基本原理有清晰的认识,从而令我们早一点"顿悟"吗?

我想,有的,然而抽象。当我们发现一个孩子能写出很漂亮的文章时,我们似乎习惯了说:这孩子悟性真好。我们很少说:这个孩子已经领略到了作文的原理,并运用自如。悟性是一种十分玄妙的东西，常常是可意会不可言传的，仿佛一说就会错。所以，一个人在某些方面开悟固然很好，但如果不能形成总结性的思考并表述出来，就很难对他人形成有价值的启发。在青少年的智力开发过程中，开悟不是一种普遍有效的手段，它甚至像灵感一样飘忽不定，不知什么时候到来，难以被我们指望。所以，掌握写作的原理并加以训练，才是更科学有效的方式。写作是需要一点灵气和灵感的，但谁能通过规范的东西来让灵气和灵感降临到每个青少年的身上？所以，当你探究写作的原理，明白了写作到底是怎么一回事儿时，也许才能感受到灵感和灵气的存在。

对学习而言，掌握抽象的原理是必需的。因此，我对青少年写作的定义是：围绕一个特定的目标，对素材进行战略性安排，再用书面语言表达出来，进而体现出你的思想感情。这个定义当中，"一个特定的目标"当然是全文唯一的主题，对素材的战略性安排涉及选材、"裁剪"和全文结构，最后对作者的语言和情感做了要求。这固然是抽象的定义，但在启发写作方面，是值得我们反复探究的。当然，如果你对写作的定义感兴趣，我觉得完全可以做一个有趣的游戏：用自己的语言定义作文。毕竟什么是作文，什么是写作，我觉得在定义它们的时候，有很强的开放性。

毫无疑问，写作是一个人在智力层面的综合表达。什么叫作智力层面的综合表达？难道写作只有智力起效，而没

序

有情商的存在？我当然不能将人的情商从这种综合表达中剥离出来，但现实的情况是，情感表达已成为青少年写作时的"惯用伎俩"：赞叹，讴歌，激情，振臂一呼。然而，这无法令一个人真正踏入写作之门——这仅仅是写作当中的一个局部视角。当我们过多用抒情来代替记叙、描写、细节、心理时，我们应该反思：在思维高速运转，文思如泉涌的过程中，我们更需要开发的是智力层面的东西，那才是更有价值的内容写作。

CONTENTS  目 录

第 1 课 / 001
从体验自然开始

第 2 课 / 012
从观察动物开始

第 3 课 / 018
从欣赏植物开始

第 4 课 / 024
从体察人物开始

第 5 课 / 032
随时随手记录灵感

第 6 课 / 037
学会快速阅读,提升阅读量

第 7 课 / 049
复述能力比背诵重要 100 倍

第 8 课 / 055
在阅读中接收和理解信息

第 9 课 / 064
从阅读中感受主次

第 10 课 / 069
领悟作者的观点

第 11 课 / 075
训练概括的能力

第 12 课 / 080
学会有效描写

第 13 课 / 092
感受环境描写的重要性

第 14 课 / 098
阅读理解中的"深层含义"

第 15 课 / 105
学会调动阅读过的作品

第 16 课 / 115
模仿是写作的必经之路

第 17 课 / 119
三种方式跳出模仿

第 18 课 / 125
虚构锻炼原创能力

第 19 课 / 130
用联想和想象扩张全文

第 20 课 / 138
从 A 到 B 的联想

第 21 课 / 143
想象也需要控制

第 22 课 / 148
形成属于自己的文风

第 23 课 / 164
多读多写有效减少病句

第 24 课 / 170
养成给自己改作文的习惯

第 1 课
从体验自然开始

大自然是人类赖以生存的基础，不管你在多大程度上理解自然，或者对大自然的存在多么不以为意，都不能改变这一事实。中国古诗词涌现出多少讴歌自然的伟大诗篇？所谓山水田园诗，更是歌唱大自然的独特派别。

"白日依山尽，黄河入海流""两岸青山相对出，孤帆一片日边来""青山不老，绿水长存""山高月小，水落石出"……这些耳熟能详的句子，无不是诗人意会到大自然的曼妙，而从心中流淌出的千古佳句。要说在古诗当中有多少这样的句子，可以说浩如烟海。大自然赋予人类的灵感，自古以来成全了多少文人墨客？

时至今日，我们徜徉在大自然当中，也会被其清新秀美、鬼斧神工的特质吸引。在大自然的怀抱当中，一个人的心胸往往得以打开，郁结在心中的烦闷会一扫而空。这恰是大自然的伟力造成的。从这个角度来看，大自然也可称为人类的保护神,抑或是我们心中的"上帝"。

许多人看过美国作家梭罗的《瓦尔登湖》之后,被梭罗先生在两年多的时间里独自生活在瓦尔登湖畔的生活所吸引,心向往之。与其说他在观察大自然,不如说他在全身心地投入大自然、拥抱大自然、融入大自然。作为自然主义的杰出代表,梭罗的方式固然难以普及,然而他对大自然的这种态度着实令人钦敬不已。

大自然以无私的精神向每个人展开了它的怀抱,任何时候都会接纳每一个前来的人。然而我想,大自然也需要人的观察、需要人的理解。环保不是我们这本书要讨论的主题,尽管青少年写作中也时常接触这样的话题。包括环保与科技、与人类发展之间的关系等,其实无非是人如何理解大自然、保护和回馈大自然这种母题的一个分支。

一、从几首浅显的诗歌说起

在古诗词当中,便有大量的对自然景致的刻画,这是我国古诗的一个重要类别。在传统的农业社会当中,人们跟大自然的关系似乎更密切。诗人也喜欢放眼大自然。

我们以小学一年级的一首《风》来说,这是一位初唐诗人的诗作。这首《风》只有四句:"解落三秋叶,能开二月花。过江千尺浪，入竹万竿斜。"诗的含义也是浅显的，作者通过对大自然中风的观察，从四个画面来写风的存在、风的能力——能让秋天的叶子飘落，能令二月的花儿绽放；经过江面可掀起千尺浪，进入竹林可令万根竹竿倾斜。这都是作者眼中见到的画面，具体地展示了风的能量、实力。要知道，风是看不见的，然而可以感受到；在风的肆虐下，自然中的万物都会摇动起来，如它吹落树叶、过江掀起的浪和进入竹林时的场景，等等。这首诗本身浅显，也未见寄托作者怎样的思想感情，不能算是上乘佳作，但作者刻画风的样子给人的印象是深刻的，对我们的写作是深有启发的。

而另一首古诗《咏柳》，在诗歌造诣上自然更高，就是我们熟悉的"碧玉妆成一树高，万条垂下绿丝绦。不知细叶谁裁出，二月春风似剪刀"。这里有作者精妙的比喻和想象，作者把春天想象成一名灵巧的女子，而二月的春风便像她手中的剪刀一样。作者的联想、想象是十分新奇的，比李峤的《风》在艺术上更高超，诗歌的意境也更为深邃。

再举一个诗歌的例子。唐代著名诗人王维的《画》："远看山有色，近听水无声。春去花还在，人来鸟不惊。"这是一首诗意浅显的绝唱，在中国家喻户晓。虽然诗中所描述的景致是自然风景，但是作者在创作过程中动用了视觉、听觉和联想的手段把一幅画描述得惟妙惟肖："远看山有色"，这是视觉效果；"近听水无声"，这是听觉效果；

"春去花还在，人来鸟不惊"，则是作者的联想了。

可见，在诗歌等创作当中，除了细致认真的刻画之外，好的想象、联想等可以让文章更有深意，意境更深刻。这提醒我们，在观察自然的过程中，不仅要写实，还要借助联想、想象来实现一种超越，以提升文章的境界。这就是"咏物抒情"诗歌、散文的内在规律。

二、视觉与听觉合一，是观察大自然的第一利器

杜牧《江南春》一诗的第一句"千里莺啼绿映红"，是观察江南春色的典范，联合了视觉和听觉。作者的视野很大——"千里"，"莺啼"和"绿映红"写出了"有声有色"的江南全景图。这句诗反映出一个重要的写作规律：视觉和听觉的综合，是我们观察大自然的一大利器。

如果我们仔细品味"观察"一词，你会发现：如此重要的词汇、手段，几乎是为视觉本身而准备的。"观"是从大的方面去看，"察"是从细小的方面去看。比如，记者采访时观察的意思是，记者对客观事物进行的一种察看体验活动，简单讲就是用眼睛采访。这很直接地说明了观察和视觉之间的关系。

当我们置身大自然的怀抱当中，固然可以运用各种感

官去感知它,我们的鼻子会嗅到花草的香味,我们的耳朵会听到鸟儿的鸣叫,我们的嘴巴会呼吸到清新的空气,然而大自然的丰富多彩、五颜六色、诸种变化更多要依赖眼睛的查看。在著名作家海伦·凯勒的名作《假如给我三天光明》当中,我们读到了她对光明的强烈渴望,她细致而生动地讲述了如果有了这三天的光明时间,她会把所有见到的场景吸入眼中,永远牢记在脑海当中。

除了一些特殊的如海伦·凯勒这样不幸失去了视觉的人,人们都可以通过视觉来目睹眼前的景致,但为何写出来的东西却千差万别?人人有视觉,不等于人人会用自己的视觉。视觉的官能是人的本能,大自然中的一切景致都客观地进入人眼,但另一方面,我们须将这些景致诉诸我们的心灵,同时学习用眼观察。

用眼观察是一门学问。颜色的辨别、规格的大小、材质的构成、形状的各异、动态的变化、静态的呈现,以及由此触动的人的联想、想象等,都综合地作用在我们的头脑当中。能准确地形容面前的景致,是需要练就的一项本领。因为在对现象、景致的刻画当中,你的观察和用词越准确,文章就会越生动——准确能激发人们心灵经验的某种共鸣,从而为你的文章喝彩。

在观察自然时,视觉和听觉是第一利器。对大自然中各种信息的采集,首先依靠的就是视觉和听觉。大自然的千姿百态、丰富色彩会毫无保留地出现在我们的眼前。但不同的人，因自身的视角、认知等问题，即使见到的是一样的青山绿水，心中的感受也不一样。在童年凌叔华的眼中，她在广东见过的山不仅高大巍峨，还被朵朵白云点缀着；而20年后，同样的青山在她眼中变得平淡无奇。在《山》一文中，福克纳这样描写："首先进入眼帘的是对面的山谷，在午后和暖的阳光下，显得青翠欲滴。一座白色教堂的尖顶依山耸立，犹如梦境一般，红色的、浅绿色的和橄榄色的屋顶，掩映在开花的橡树和榆树丛中。"作者不仅见到了青翠欲滴的山的宏大，还见到了耸立的依山而建的教堂，以及它的色彩。

可见，在我们观察时，除了对自然界景致的宽阔、壮丽的一面需要留意，还要留意其间的具体建筑，并写出你的感受。在观察大自然时，随着时间的变化，因阳光的变化而出现的变化会呈现在我们眼前，正如福克纳在《山》的结尾时说的："太阳静静地西沉，山谷突然处于暗影之中……在黄昏中，这儿的林间女神和农牧神可能在冰冷的星星下，尖声吹奏风笛……"

日本作家宫城道雄曾经写过对四季的聆听，比如在盛夏时节，他说："我走到房后，侧耳聆听着鸟鸣之声。有的长鸣，有的声声短啼，有的宛似人类嘲笑别人时的笑声，而有的声音低而悠长，犹如在召唤别人。"这样的声音让作者

第1课 从体验自然开始

联想到"鸟类的世界也有语言"。他的聆听是仔细的:"在山上,茅蜩这种蝉叫得很起劲……茅蜩的叫声,据我的观察,声音高低只有两类,是固定不移的。这就是相差半个音来鸣叫……听着听着,似乎被吸进了奇妙的音的世界。"

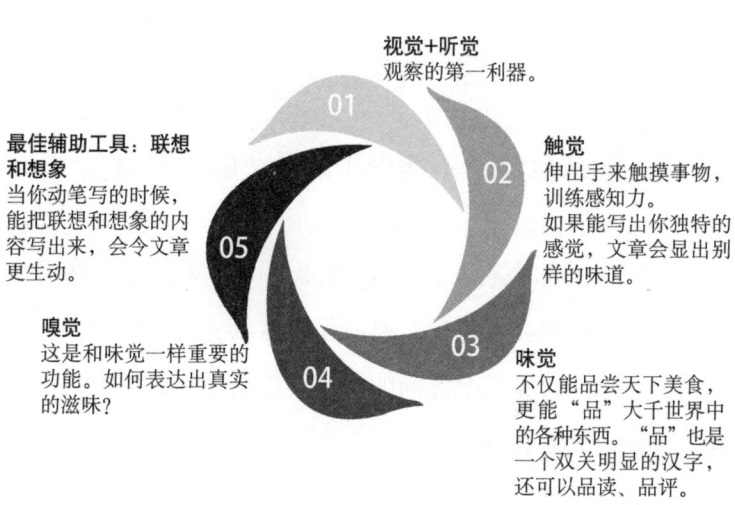

视觉+听觉
观察的第一利器。

触觉
伸出手来触摸事物,训练感知力。如果能写出你独特的感觉,文章会显出别样的味道。

味觉
不仅能品尝天下美食,更能"品"大千世界中的各种东西。"品"也是一个双关明显的汉字,还可以品读、品评。

嗅觉
这是和味觉一样重要的功能。如何表达出真实的滋味?

最佳辅助工具:联想和想象
当你动笔写的时候,能把联想和想象的内容写出来,会令文章更生动。

运用人自身的观察利器——视觉和听觉,只要我们有耐心去看,有耐心去聆听大自然展示出的曼妙的声响,我们便能将一些意会写出来。这种耐心细致的观察,是人本身所特有的能力,我们无须套用某些句子,就能独创出自己对自然的真实感受。

当然,想象也是重要的。在面对一个脚印般大小的坑时,作为一个成年人,我认定这是某个人踩上去造成的,并且是在某个雨天留下的。然而,我四岁的女儿却大声地告诉我，这是大野狼的脚印。你看，同样的一个东西，成年人和儿童的看法完全不同。而在猜想某个用橡皮泥制作的东西时，小孩子的看法常常令大人感到吃惊和不解。我们不能武断地说小孩子的看法是不准确的，因为孩子的联想往往更有趣。

三、品味自然，不能少了触觉、味觉和嗅觉

视觉在感知大自然的色彩方面不可或缺，听觉在聆听大自然的声响中必不可少，然而仅有这两者是不够的。我们对自然的感受其实是全方面的，这就涉及另外几种重要的感官：触觉、味觉和嗅觉。

以春、夏、秋、冬为例，四季给人的感觉是迥然分明的。春风的柔和、夏风的热烈、秋风的萧瑟、冬风的凛冽，都是我们的触觉可以明确感知到的。进而我们可以更具体地感受它们的差别，那种因真实的接触而造成的差别，可以源源不断地反映到我们的心灵中来。《呼兰河传》中的马车夫一进大店，便对掌柜的说："好厉害的天啊！小刀子一样。"我们也常常以刀割一般来形容寒风的凛冽。而在朱自清的眼中，春天像刚落地的娃娃，从头到脚都是新的，他生长着；春天像小姑娘，花枝招展的，笑着，走着；春天像健

第1课　从体验自然开始

壮的青年，有铁一般的胳膊和腰脚——这样的感觉我们也不陌生，春天固有的生机勃勃的力量，确实令人涌起无限的希望。

我们必须承认，随着我们对视觉和听觉的过度依赖，在我们体验自然的时候，触觉似乎变得迟钝了不少。想要恢复触觉的敏感，一方面我们可以伸出手来，把它放入冷水中、细沙中、树皮上、石块上，来切实感知它们带给我们的凉滑、细滑、粗糙、粗劣等各种感觉。另一方面，我们可以暂时"告别"视觉，而直接用手脚或身体的其他部位来感触自然物体，从而细细地感受触觉的美好。当你在山路上疾走时，如果不小心被柳叶划到脸颊，你的感受是什么？仔细回味这种感受，体验它的"触摸"带给你的真实感觉；如果不慎撞到了一棵树，不要懊恼，你可以把自己的面颊贴到树皮上，或者抱一抱它，真实感受一下它带给你的感觉。这些方法对我们"恢复"触觉有直接的好处。

嗅觉和味觉的训练是相似的。在美好的春夏时节，人们的户外活动比较多，接触大自然的机会多。你不妨走到一朵花跟前，可以蹲下来凑上去，仔细嗅一嗅淡淡花香带给你的滋味。当全身心置于大自然当中，你闭上眼睛，反复深呼吸，感受自然的芬芳，仔细体会进入你鼻腔的空气中都有什么花香？土壤的土腥、小草的清新、大树的浓郁……你都尝试过去嗅一嗅吗？

味觉也是如此，你当然不能"品尝"树叶的滋味——毕竟它们不是水果！但日常生活中的各种水果的滋味，以及放置不同时间的各种水果，其味道是迥异的。当然，如果很幸运，你也可以尝试去自然里品尝某些果子的滋味，比如在秋日里的各种采摘活动中，我们是可以实现这一点的。

在感受各种滋味时，一个人是最容易产生各种联想的。人的一种特殊本能便是，以某种其他的经验来描述一种陌生的经验，所以常常在写作中使用联想、比喻等方法。联想是自然而发的，联想到的事物因人而异；比喻也是如此。

四、比喻和拟人是最常用于刻画自然的修辞手法

观察之后，如何言传？在后面我会专门讲述多种常见的修辞，在这里之所以要讲一讲比喻、拟人，是想提醒青少年，比喻和拟人是两种基于联想而造成的语言效果。在观察并书写大自然时，比喻和拟人是使用得最频繁的。即使是名家作品，也常常因富有新意的比喻和灵巧动人的拟人而将人们熟悉的自然风光写出新意。

使用比喻和拟人的关键不是学习它们的概念，而是在运用时写出新意。大自然中的大部分景致亘古未变：山川河流、日月星辰并没有质的变化，正所谓"今人曾见古时月，

第1课 从体验自然开始

今月曾经照古人",说的就是这个意思。然而在历代文人笔下,即使是同一座青山、同一轮明月,他们写出的也不一样,每个人都有自己的新意。这才是我们追求的一种文章效果。如果你笔下的明月和其他同学笔下的一样,那往往是失败的。能写出景致新意的,往往要借助我上面说的比喻、拟人,然后在你的联想中完成新意,可以说所有的风光因你而不同。

第 2 课
从观察动物开始

当我们用笔写小动物的时候,我们需要细致观察。它们活灵活现的各种动作,它们讨好人的各种表现,时常带给我们无尽的乐趣,从而引发我们完成一篇佳作。

人们常常用"可爱"来形容身边的小动物,比如"这只小狗好可爱呀!"。然而,"可爱"虽然是一个常用的词,对写作而言却是一个抽象的词,我们必须把笔触落实在它如何可爱上。著名作家老舍先生在《猫》一文中,对猫的可爱就有十分生动的刻画,他说:

满月的小猫更可爱。腿脚还不稳,可是已经学会淘气。一根鸡毛,一个线团,都是它们的好玩具,耍个没完没了。一玩起来,它们不知要摔多少跟头,但是跌倒了马上起来,再跑再跌。它们的头撞在门上,桌腿上,彼此的头上,撞疼了也不哭。它们的胆子越来越大,逐渐开辟新的游戏场所。

第 2 课　从观察动物开始

你看，老舍先生在段首说小猫很可爱，然后立刻把他的观察切实地写出来，他是从小猫还站不稳的时候却学会淘气这一角度来写它的可爱的。没完没了地玩各种玩具，即使摔跟头也在所不惜。这样的刻画很具体，可见老舍先生观察之细致。但如果分析老舍先生的这段文字，我们可以见到两个方面的内容，一个是来自观察，一个是来自思考（总结）。来自观察的内容是满月的小猫的各种姿态，即使一根鸡毛、一个线头也能玩个没完没了，以及跌跤、撞到门上和桌腿上等。但"它们的胆子越来越大，逐渐开辟新的游戏场所"就不仅是观察，还体现出作者在观察基础上的思考和总结。

老舍写了满月的小猫的可爱，而鲁迅先生则刻画过白兔（《兔和猫》一文），他说："这一对白兔似乎离娘不久，虽然是异类，也可以看出他们的天真烂漫来。但也竖直了小小的通红的耳朵，动着鼻子，眼睛里颇现些惊疑的神色，大约究竟人生地疏，没有在老家时候的安心了。"鲁迅先生并未全面刻画白兔的样子，却传神地刻画出了它们天真烂漫的特点，尤其眼中现出惊疑神色，非常精准。

在观察小动物的时候我们也要注意：一方面是仔细观察它的一举一动，从而精确写出各种连贯的动作；另一方面则要在观察基础上写出总结性的句子，体现出作者的思考。只有你观察到了，观察得细致，你在写动物时才不会没话可说，才不会只说"可爱极了"等常见的话语。老舍也说满月的小猫很可爱，可他有自己的观察，告诉读者：满月的小猫为什么可爱，可爱的表现是什么。单纯评价性的话语，如可爱，只是人的一种抽象认识。对写作而言，必须描写得具体、生动才行。

然而在刻画动物的过程中，如果你想更深刻地展示它的某种特质，触摸动物是必不可少的。为了更好地描写动物的特点、个性等，我觉得除了近距离细致观察它们的动作、举止之外，在保证安全的情况下，我们可以伸出手来，用手感触身边的小动物。你有过触摸动物的经验吗？比如家中的一只宠物犬、一只可爱的猫咪，或者养在鱼缸中的金鱼、可爱的小乌龟？生活在农村的青少年，在生活中接触家养的猫、狗和各种家禽的机会更多，时间上甚至可能更早。

首先，你可以触摸小动物的皮毛，感受它的皮毛是否光滑，同时观察它的色泽。在触摸它的同时，我们思考这些动作、姿态反映了它怎样的性情？而它的皮毛有怎样的特质，它的色泽何以如此？我们的思考未必是科学的，有时只是一己之见，甚至只是一种感性的认识，但又何妨呢？有时，感性的认识常常更加动人。

赵兰振在《我的小田鼠》一文中，对可爱的小田鼠是这样刻画的：

第 2 课　从观察动物开始

　　那只小田鼠真的是太小了（体形大小），身子缩成一团时，就像一枚法国梧桐的球果（特定状态下的联想）。冷风吹开它短短的细毛，吹出一朵朵细细小小的涡旋（特定状态下），它外层的毛色黄灰，而里层有点发白（颜色）。当我握着它的小身子时，能感觉出它身子里像是有一群蚂蚁在爬——它在颤抖（触摸及感受）。它实在太害怕了。

　　我在括号当中写出了作者刻画的内在思路，其实无非是写它的大小、在特定状态下的情况以及作者的联想，包括它的颜色，并写出触摸时的感受。

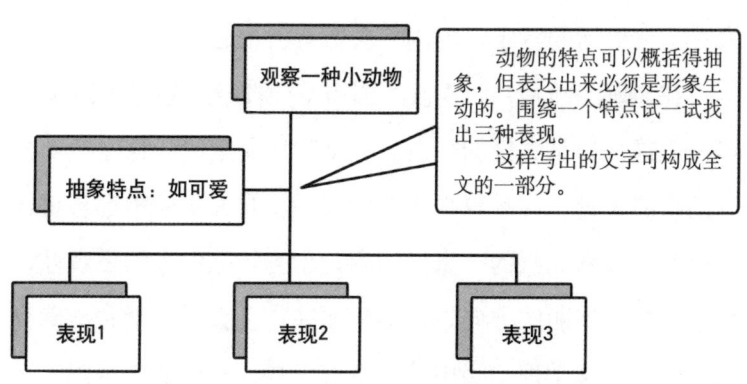

对动物的描绘建立在观察和总结的基础上，缺一不可

　　每种动物都有其本性。在人们的认识里，猪是贪吃贪睡、好吃懒做的，狗是忠诚于主人而又勇敢的，猫则是一个天生的利己主义者，喜欢安静地享受周围的环境，驴子是倔

强的,鸟儿是勤劳而欢快的。这些认识当中,有些未必是动物的本性,但融入了我们经验性的认识。因此,当你要写某种动物时,必须建立在你真实观察的基础上。你在观察和写作时,难免动用以往的经验性认识,但有时你观察到的又会打破这种认识,令你感到意外。

观察始终是青少年写作中的一个难点,有时甚至是障碍。我想说,其实不是因为你不具备观察的能力,这种能力所高度依赖的视觉、听觉我们都具备,往往是因为我们缺少耐心和方法。耐心,一方面要你付出一定的时间,一方面要你有周全的思考意识。而在方法上,除了动用上述的感官之外,我们必须明白:观察身边的动物,就是在一个有限的圈内——它生活的特定范围内,去留意、留心它的各种表现。

在刻画它们各种形态的时候,须以准确的动词来形容——这是异常关键的一点。从某种意义上说,这是生动刻画动物的关键。许多青少年在行文中喜欢大量使用形容词,这是需要逐渐克服的一点。形容词带有较强的人的主观性,令语言朝着华丽的方向走,但华丽往往又会对生动和准确构成妨碍。在文学理论当中的一个共识是:一流的作家绝不会靠形容词活着,而是动词。动词的意义就在于它的准确性。

在观察动物的过程中,还需留意的一个技巧是:注意你的视角。当你试着让自己的视角随着动物的动作而游走时,你更容易捕捉到它的动作、它的意图,并感受到它触摸

第 2 课　从观察动物开始

周围的各种东西时表现出的性情,并更好地理解它的各种动作的意义。和人一样,动物也生活在特定的环境当中,它的所有动作都是对周围环境和各种物件的反映。想一想在老舍先生的笔下,那只满月的小猫愉快地玩线球,它一次次跌倒和爬起时的感受,我们便会加深对这些举动的理解。

第3课

从欣赏植物开始

大千世界中,各种植物给世界带来了盎然的生机。不难想象,如果没有各种植物的存在,整个世界就会是一片荒漠,这将是多么的可怕!我们生活在一个充满生机的世界当中,各种植物功不可没。

面对各种各样的植物,我们应当培养自己的审美眼光,发现其生长过程中的诸般美好,这种观察是自我养成的结果。萧红在《呼兰河传》当中对祖父的后园有精彩的刻画,她的眼光从小敏锐,她说:

这榆树在园子的西北角上,来了风,这榆树先啸,来了雨,大榆树就先冒烟了。太阳一出来,大榆树的叶子就发光了,它们闪烁得和沙滩上的蚌壳一样了。

又说:

第 3 课　从欣赏植物开始

都有无限的本领,要做什么,就做什么,要怎么样,就怎么样。都是自由的。倭瓜愿意爬上架就爬上架,愿意爬上房就爬上房。黄瓜愿意开一个谎花,就开一个谎花,愿意结一个黄瓜就结一个黄瓜。

我之所以在这里引用萧红的部分文字,不是说萧红的这种刻画是无人能及的,更不是说她的句子里有怎样的修辞,而是说萧红从对各种植物的观察当中得到了一种独特的视角,那就是这些植物的生长是自由的。当作者因自身的敏锐而找到这个视角时,作者笔下的各种植物的自由便淋漓尽致地展示出来。

我发现,许多青少年在写作中,对各种植物的刻画常常处在一种静态当中,就像初学绘画的人对植物做素描一样。素描固然是好的,但刻画它静态的像的程度绝不是最高境界,而是一种较低层次的刻画。更高层次的"描"能体现出植物内在的精神和意蕴,比如萧红看见了植物生长的自由。

然而,植物生长的自由与否,与观察者的心灵是相关的。常年陷入劳作的苦楚,而在生存线上挣扎的如童年的萧红所见的许多大人,是没有这样的心性的。他们自由的心性早已"隐退",而丧失了这种视角。

其实,青少年的心性当中有一种天然的自由,也许是来自一份好奇心。就像在《苏菲的世界》当中，苏菲在罗伯特老师的启发下进入哲学课程，她观察周围世界的眼光也在变化，而她的妈妈却始终无法认识到这份好奇心的可贵。她的妈妈早已滑向了俗世的深处，早已将好奇心在心灵当中封闭起来。故而，我们当珍惜自己心中的好奇，更长久地保持对世界的好奇，用这份好奇观察周围的世界，尤其是植物的世界。

　　一盆花从何时开始开放的？你留意过吗？在生活中，你是否对观察各种花的开放过程，抑或是豆芽的发芽过程感兴趣？从丝毫未见其变化，到忽然萌发出嫩嫩的、细小的芽苞，你的心中是否涌起了一丝好奇、一份欢喜？你的心中是否出现这样一个问题：它们何以生长？

　　我们不难领略到的一个层面是：在美丽的阳光、丰腴的土壤和适当的水分条件下，一颗种子就会突破静默，开始走上一条顽强向上的道路。它在我们的眼前悄然变化着，在我们一觉醒来时，我们也许发现它有了某种惊人的变化——它好像趁着我们睡着时拼命地、不知疲倦地长大了。迷惑不解的我们开始翻阅有关资料，查阅网络百科，也许我们对生物内部的生长奥秘发生了浓厚的兴趣，开始认真对待生活中的每一株花草。这种查询可以较快地得到关于植物学的知识，但是绝不能替代我们对自然环境中各色植物的自主观察。

第 3 课　从欣赏植物开始

前一日还暗自不动,次日起来,却发现园子中的几种花已经悄然绽放!在迎接黎明到来的伟大时刻,它们以傲人的姿态迎风招展,其开放的速度令人吃惊,我们不禁暗叹大自然的伟力,创造了如此惊人的一幕。风和日丽的条件下,百花园中的景致异常美好。各种花竞相开放,让人精神振奋。而在风雨到来时,有的花朵经不住风吹雨淋,兀自掉落;有的则"百毒不侵",愣是和风雨做着种种对抗。你有过这样的体验吗?

观察植物有许多种场景,其中一个场景是在家中,这是十分便利的一种场景。比如在家中观察一盆花,在这样随时可以进行的观察中,你可以在时间这条线上有规律地洞察它的成长过程。给自己定下一个观察计划,在两周的时间里每天在固定时间察看。察看的着眼点在于它的变化。如果可能,可以从幼苗开始,从它"嫩嫩的、绿绿的、弱不禁风"的时刻开始,体会它的成长和变化。准备好写观察日记的条件,让自己养成一个习惯。这样做,不必观察多种花,只要仔细盯住其中的一盆,进行一次专项的训练,尽量客观地记录它的变化,相信你对观察植物会有一次深刻的变化,你对观察的理解会有一次质的提升。

另一种观察是在自然界中,或者是在植物园、登山过程中,或者到田野当中,即使是在生机盎然的小区里也行,只要植物的种类足够多就行。当我们置身这样的环境当中,除了仔细观察这个要求之外，还须增加一条：比较式观察。观察一株树的树干、树皮、树枝、树叶的明显差别，用你的话写出来；观察不同的树木、不同的花朵之间的差别，用你的文字记录下来。自然，你也可以用手机拍照，把每一张照片发到微博、微信上，尝试着用一两句话来表达自己的想法，激发自己对它们的认识。

观察时需要留心其本身的构成、颜色等，表达时能运用自己的联想和想象会更好

当然，所有的观察都是为了最终的写作服务的——对写作而言，有目的的观察是一种手段，而在成文的过程中，除了客观记录它们的模样、成长之外，我们也需要以欣赏的态度来表达对它们、对自然的赞叹。你不觉得大自然是神奇无比的吗？有阳光、有土壤、有水分、有适宜的温度等条件，它们便会义无反顾地生长，按照多少年来形成的普遍规

第3课　从欣赏植物开始

律，准时出现在我们的生活当中，出现在人类面前，带给我们盎然的绿意与生机——这难道不是很神奇的事情吗？

各种开花植物，各种枝叶舒展的绿树，覆盖地面的株株小草，它们的展示固然并非给人看的，然而在我们眼中，它们的舒展、开放和存在，似乎有了某种意义。这是生命的意义，这是人独特的视角所领悟到的意义。

第4课
从体察人物开始

和上述几个思考对象相比,我认为对人物的体察是最复杂的。因为人性是复杂的,往往不是单纯的好和坏这样简单。在中国古典小说当中,对人物性格塑造最成功的要属《红楼梦》,它写贾府当中的日常生活,把人物在日常中的表现刻画得很到位。不像《三国演义》《水浒传》中的人物都是生活在"大历史环境"当中,而不是在家庭等日常生活当中的。这样说是因为在大部分的古典文学当中,人物只是作为角色而存在的,不是作为其本身而存在的。文章中的人物有两种,一种是突出表现其角色性格的人物,一种是为情节服务的人物。前者是不可替代的,后者是可以替代的。

文学作品尤其小说的一大功能就是塑造别具特色的人物形象。想想看,我国四大名著当中的人物何其多,《三国演义》中以诸葛亮、司马懿为代表的足智多谋的谋士,以关羽、张飞、赵云等为代表的武将,以曹操、刘备、孙权为代

第 4 课　从体察人物开始

让人开口说话
用对话展示人物的思想性格。什么人说什么话。生活中有人一句话便能激励你一阵子，有人一句话令你记恨一辈子，可见说话是何等重要！话中体现着人物的性格，话中可以有话。

连串的动作写出人物的行为
在事件当中用连串的动作写人，可令人物鲜活起来。人在事件中、在压力下会露出性格底色。把自己放入小说环境中，换位思考。如果你是《骆驼祥子》中的祥子，遭遇孙侦探敲诈时，你怎么想、怎么说？

外部刻画
抓住人物主要特点塑造形象，无须面面俱到。要逐步克服无效刻画。

重视次要人物
文中如果安排次要人物，不能忽略他的存在。

塑造人物的基本手法

表的君主，以及以祢衡、孔融等为代表的知识分子都很深入人心。而《西游记》和《水浒传》当中的众多人物，同样令人印象深刻，更不要说古典文学的最高峰《红楼梦》当中的男男女女。而在现当代文学当中，鲁迅笔下的阿Q、祥林嫂、闰土、华小栓，钱锺书笔下的方鸿渐、赵辛楣、苏文纨、唐晓芙以及许多知识分子，沈从文笔下的翠翠等，都令人印象深刻。外国文学中的人物同样如此，如雨果笔下的冉阿让，奥斯特洛夫斯基笔下的保尔·柯察金，托尔斯泰笔下的聂赫留多夫、马斯洛娃等众多人物形象。在某种意义上，文学史也是人物形象的集合。

青少年写作是以写实为主的，侧重的是对日常生活中的人物的刻画，如父母等亲人、老师同学等师生友人、生活中遇见的某些印象深刻的人，这些并非虚构的人物，虽不是我们创造出来的，但当我们把他们写入作文时，必然伴随着精心的刻画，从而让他们以鲜活的样子出现在平面静态的文字当中。对人物刻画的最高境界，我觉得可以用四个字概括：跃然纸上。要达到这样的效果，我们要狠下功夫才行。

一、用心体验，走进人物的内心世界，思考他（她）的思想、感情和价值观

如果你花点时间，用心去思考一个人（无论熟人还是陌生人），你便有机会走进其内心世界。这种换位思考的方法有助于你把人物的真实想法写出来。想想看，如果你所写的人物是怎样想的你都不清楚，你如何向你的读者展示他（她），读者又怎能明白你文章的用意？如果鲁迅先生没有用心体会过阿Q的各种心理，他如何刻画出这样一个人物？当然，小说塑造的人物常常是多个特征拼接在一起而创造出来的。

我们不能说文章和小说作品当中的主人公就是作者的另一个自己，也许有时是这样的。但对文章和小说而言，其中的所有人物都必须是作者所熟稔的——不是熟人的概念，而是了解他的言行举止，对他的心理有深刻的洞察。杨绛先生对她笔下的"老王"有着深刻的认识，知道他过着怎样艰

难的生活，有着怎样善良的心灵，明白他走过的心路历程。毕竟作者和老王在生活中有许多的交集，虽然他们的身份和社会地位完全不同，一个是高级知识分子，一个是普通的体力劳动者。同样的道理，胡适、老舍、季羡林能写出令无数人感动的《我的母亲》，都源于他们对母亲有着十分深刻的体察，了解母亲走过的艰苦道路，懂得母亲的善良和伟大，才能写出那样动人的文章。

二、呈现出人物的样子，方能让文章成为上乘之作

一般而言，刻画人物的文章当中，不能缺少对人物肖像的描写。这是作者给读者建立人物形象感必不可少的。一个人物只有在其感性的、立体的形象得以建立起来的时候，他才能更好地在读者的脑海中占有一席之地。如果作者只是抽象地把人物写给读者看，读者的脑海中即使堆积了大量的关于人物的事件和言行，却不知道这个人长什么样，这实在是令人感到遗憾的一件事。

要想让你的人物跃然纸上，必须进行生动的肖像描写。然而在不擅长细致观察者眼中，人都是大同小异的，大家的眉眼相似、身高和体重相差不算悬殊，但其实如果我们

细致观察，每个人所拥有的五官、身高、气质等，绝非别人所能有。所以我们须细致观察一个人和他人的不同，找出他与别人不同的几个特点。作家在文中的肖像刻画和一个画家对人物的塑造有一定的差别。作家可以不说这个人的鼻子长什么样，眼睛长什么样，而只是呈现人物的一部分突出特征，就能让读者的眼前浮现出一个人的样子来。

人物的语言。我们常说，什么人说什么话。也就是说，一个人内在的思想感情是以他特定的说话特点反映出来的。而我们在阅读过程中，是不需要细致识别哪句是什么人物说的，因为这是一目了然的，关键是如何理解他的话语。这常常需要一种"翻译"能力，不是英译汉和汉译英的那种翻译，而是通过人物说出的话来"翻译"他内心的语言。所有说出的话往往都不是内心语言，人是一种奇怪的动物，心中想的和口中说的即使是一回事儿，表现在外部语言方面，往往也是不一样的。体现在文学作品当中，人物的语言往往是活泼的、生动的，然而其内在语言则是另一番景象。

比如，藤野先生在目睹到他的学生周树人不按实际画血管，他没有直接说学术是严谨的、实事求是的，而是温和地说："你看，你将这条血管移了一点位置了。——自然，这样一移，的确比较的好看些，然而解剖图不是美术，实物是那么样的，我们没法改换它。"藤野先生以春风化雨的语言来改正学生的错误，体现出他温和的一面，对学术严谨的

第4课　从体察人物开始

一面——这说明藤野老师恰是这样的人，而不是一个言语粗鲁、脾气暴躁，对学术马马虎虎的人。

人物的行为。除了语言，我们更要看人物的行为。一个人可以用语言欺人，但他的行为则往往暴露他内心真实的想法。在魏巍的《我的老师》一文当中，蔡芸芝老师好像要用教鞭打人的样子，然而她接下来的行为却暴露她真实的想法——教鞭只是轻轻敲在石板边上而已。"大伙笑了，她也笑了。"这一幕体现了师生之间的情谊。而当作者因父亲在军阀部队长年没回家，生死未卜，作者受到周围一些不谙世事的小朋友的嘲弄时，蔡芸芝老师采取的行动，一方面是批评那些坏小子，一方面还给作者写了一封信。两种行为的支持，给了作者多少的鼓励啊。——这就是常年不忘、终生不忘的原因，老师的行为给他的触动、印象非常深刻。而作者对老师的感情之深，不仅体现在语言上，还体现在行为上，真正做到了言行如一——他甚至将梦中的事情当作事实，迷迷糊糊地往外走去找蔡老师，并说："找蔡老师……"

对阅读而言，我们不仅要留意文中的主要人物，还要对次要人物留心，这样才能全面理解作品。比如，在老舍先生的名著《骆驼祥子》当中，除了祥子和虎妞这样的主要人物之外，如果我们以次第划分，还可以有两个层次的人物在其中，一种是相对主要的，在作品中的分量更重一些，一种是处在最次要位置的人物。前者如曹先生，后者如曹先生家的高妈；前者如小福子（也可以说她在作品后面扮演了很重要的角色），后者如小福子的爸爸二强子等人。留意次要的人物，他们相较于主要人物是次要的，但他们也是作品中不可缺少的角色。

对一个读者来说，当有一天你对主要人物的次要行为、各种细节十分留心时，当你对次要角色的特殊言行有所留意，并意识到它在作品中的意义时，你的阅读经验就有了某种超越。——和全面留意的研究性的读书比较，这种留意对我们处理一般性的作品已经足够。

在写作当中，也要留意次要角色。这样的角色一般集中在想象作文当中。青少年的想象力，可以通过写想象作文来训练。从最初的童话、寓言故事到后来的科幻性质、假想性质的想象作文，其中的角色主要是为情节服务的。以童话、寓言故事为例，你可以借助《龟兔赛跑》这样的故事进行全新的改编，甚至不用创造新的形象——不管是乌龟还是白兔都是深入人心的形象。一个因骄傲自满而输掉了比赛，一个因坚持不懈而意外获胜。当你借助这样的寓言故事创造一个新的寓言故事时，你只需要借助它们固有的形象，进行一番全新的改写，保证情节合理就可以。所以，这里的角色是相对次要的，重要的是情节！

这样的寓言故事，你甚至可以使用任何动物形象，至于特定形象之间给读者造成的某种心理上的差异，你在文中

第4课　从体察人物开始

进行一番微调就可以了。谁说参加比赛的只能是乌龟和白兔呢？难道不能是白兔和笨熊？很多时候这样的替换是不必要的，因为你有了新的情节，恰好借助两个深入人心的形象，一旦你的情节为它们注入了新的活力，那种颠覆的滋味会给读者留下更深刻的印象。

第 5 课
随时随手记录灵感

灵感是这样一种东西：它悠然而来，却又潇洒而去。如果你及时动手、动脑，也许可以抓住它，但它还是有可能在你稍不留神时就跑掉。动手记录灵感，动脑反复思索，是牢牢抓住灵感的关键。写作的人最渴望灵感的到来。青少年也许会祈祷在高考、中考的那一刻，灵感不仅能来，最好能来一次"灵感大爆炸"！然而，这是不现实的。能集中"大爆炸"的绝非真正的灵感。灵感这种东西，是发生在一瞬间的，你必须秒懂才行。

灵感总是留给有准备的人。这是借用"机遇总是垂青有准备的人"这句话的，但放在灵感身上是一样的。对一个勤于思考的人而言，灵感光顾你的机会总要大一点，因为勤奋让你的思考反反复复地发力，"横看成岭侧成峰"——从不同的角度去看、去思考问题的关键，那么灵感便可能在你的思考当中闪现出来。从这个角度看，灵感是你自己制造的，并非空穴来风的东西。

所以灵感来了，就意味着好文章、好作品的到来吗？不是的。正如作家王鼎钧说的：灵感是受孕，作品是成人。可见，两者之间存在着巨大的鸿沟，填补这道鸿沟，必须通过作家勤奋的自我经营、坚持不懈的写作才可以实现。插入几句题外话，有的学生和家长曾陷入一种苦恼当中——读书不少，但作文为什么就是写不好？我想，这跟灵感和作品之间的关系似乎是相通的。阅读是领会他人的写作经验，能否转化成自己的，还需一番艰苦的努力才行。否则，大家只管读书，不必在写作上费心——如果两者之间是一种直接的、必然的因果的话。

灵感就像从宇宙中忽至的一段消息——悠然而来，悄然而去。

灵感是对生命的一份馈赠，抓住它！　　灵感是对作者勤思考的一份褒奖！　　灵感是一种写作资源，运用它！　　灵感是一段需要延伸的消息，留住可以备用！

灵感的美好

一、灵感的特质

灵感其实是一条信息、一个念头、一种一闪而过的东西，然而往往具有特定的、特殊的价值，尤其对写作而言。

它有时表现为一个句子，有时表现为一个情节，常常来自某个瞬间提醒你的东西，可以激发你创作的欲望的东西。

判断一个念头是不是灵感，许多人认为，灵光乍现时，即使我们已经躺在温暖的被窝中，也会迫不及待地重新开灯，把它记录下来。然而，这是一种经验上的感知和判断。一个念头是否就是灵感，能否令我们完成一次好的写作，如何判断？我个人的意见是：这个念头如果含有大量丰富的信息，拥有无限的可能，就像冰山的一角，令你想到水下更多的部分，那往往就是灵感。如果一个念头只是一个华丽的句子，看着确实精彩，然而信息量不够，是谈不上有多少价值的"灵感"的。

二、随时记录灵感是最妙的，否则会让人后悔不迭

我个人的一个经验是，在睡前躺在床上很放松地胡思乱想，灵感可能会到来。所以我会把手机放在伸手可以触到的地方，随时用记事本记录下来。也许是一个句子，也许是一个好的选题，也许是一个精彩的见解，也许是一篇文章的标题或情节，然后会在次日找时间处理它。即使我们暂时没时间处理这份灵感，但至少我们记录了它。以前手机不像现在这样便捷的时候，许多人喜欢随身带一个小本子，以随时

记录灵感。这个方法在今天仍旧是适用的。俄国著名作家契诃夫有一个记录东西的习惯,后来有一本书叫作《契诃夫手记》,据说记录的大量东西就是他的"灵感",其中有不少情节、故事等都被他写入了自己的短篇小说当中。

三、灵感给了我们一个绝妙的契机,必须牢牢把握它

一个灵感有可能发展成一篇文章,甚至有的作家的大部头作品,其最初的起点都是来自某个灵感。那么,如何加工才能让灵感成为一篇文章呢?前面说了,真正的灵感包含丰富的信息量,对作者的创作具有很高的价值,至少能让我们投入一篇文章的写作中去。而对一个作家来说,甚至可能创作出一部完整的作品。所以,当你记录了一个灵感时,它就成了我们写作的一种资源,甚至是一种异常重要的资源。反复揣摩它,是可以开发出很多东西的。我们应当有一种挖掘的意识,挖掘这份灵感背后的信息,其所隐含的情节、故事,才能对写成文章、写成作品具有大的价值。

如果灵感是一个精彩的见解,就可以作为议论文的中心论点,按照议论文的结构来论证这个见解,融入一些实例,发展成一篇文章是不难的。对议论文而言,最关键的就

是见解，如果没有好的见解，就是结构再扎实，也要逊色许多。如果是一个情节，那一定可以发展成一篇记叙文甚至是短篇小说。当你形成了捕捉灵感的意识，并能积累大量灵感的时候，这种积累其实等于日常积累素材，较之背诵格言、记忆历史故事，往往来得更精彩。因为灵感是你独有的素材，而非公共资料。

第6课
学会快速阅读,提升阅读量

阅读是一个人在成长过程中必须掌握的一项能力、一种本领,这种本领如能在学生时代便得以锻炼,得以发展,那是一个人莫大的幸福。

除了多读,还要总结阅读方法,提高阅读速度。

我们生活在一个充满信息的世界里,每天都要接触各种各样的信息,在某种意义上,看书读报都是通过阅读来接收信息的。但不同的人阅读能力有差异,有的人阅读能力强,可以在短时间内最大程度地获取信息,领略文章的主旨,看懂文章的结构,欣赏文章的语言,体味作者的思想。而有的人则在面对一篇文章时昏昏欲睡,不知道文章在说什么——读整本书也是如此。那么,造成这种巨大差异的原因是什么呢?究其根本,除了我们日常说的兴趣、爱好之外,其实不能忽略的是阅读技能——阅读是一种本领,并非天生。

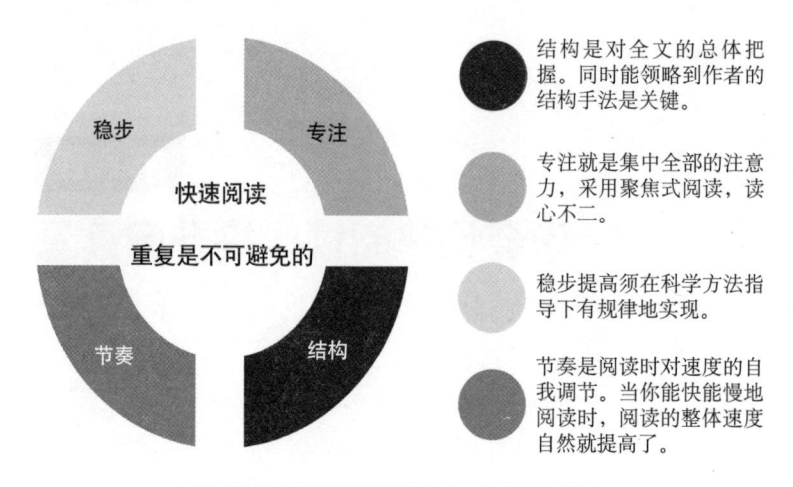

快速阅读的要素:
- 稳步
- 专注
- 节奏
- 结构
- 重复是不可避免的

- 结构是对全文的总体把握。同时能领略到作者的结构手法是关键。
- 专注就是集中全部的注意力，采用聚焦式阅读，读心不二。
- 稳步提高须在科学方法指导下有规律地实现。
- 节奏是阅读时对速度的自我调节。当你能快能慢地阅读时，阅读的整体速度自然就提高了。

除了多读，还要总结阅读方法，提高阅读速度

作为一名青少年，其实你从小就开始阅读了。即使在你还没有学会独立阅读的时候，爸爸妈妈等长辈也总会给你讲精彩的故事——不论是《格林童话》《安徒生童话》中的有趣故事，还是中外寓言故事，或者是流传已久的历史传说。这些简单的故事经父母等长辈之口讲出来，潜移默化地开发我们的智力。那时，我们的"阅读"是靠听，在听了父母等长辈绘声绘色地讲解过后，脑海中涌现出了白雪公主、灰姑娘、丑小鸭以及各种动物如大灰狼、小白兔等形象，对历史人物也能说出一二来，他们在我们的内心打上了一些烙印，构成了我们内心世界的一部分。这是小学时期就能理解的一件事，所以当你在班上学习的时候，会跟自己的同桌、好友交流一些故事，也会回想起小时候听过的故事。但在我们成为一名小学生之后,用眼睛(视觉)阅读则成为最主要的一种阅读方式,平时上课我们读课文,下课则选择一些有趣的课外书来增加阅读量。

那么在阅读的过程中,有哪些比较重要的能力值得我们培养,从而让自己的阅读能力快速提高呢?

首先我想告诉你:速度很重要。青少年正处在一个人一生记忆的黄金时期,这时候如果能大量阅读,对以后的发展是至关重要的。尽管许多老师会一再地说:读书要慢一点,才能更好地吸收。就像我们日常吃饭一样,如果吃得过快、过于仓促,我们的胃会不舒服——阅读自然也如此,你读得过快,就容易遗漏大量隐含的信息,甚至对文字表面信息的接收也不全面,从而不知道作者在说什么。但我们要注意,这种阅读的错误之处在一个"过"字上,而不是"快"字上。随着年纪的增长,我们有必要在阅读速度上逐步加快,不需要一目十行,但也不能再像小孩子一样去指读,一个字一个字去读,这是不可以的。所以,可以通过以下方式培养自己的阅读能力。

第一,稳步提高你的阅读速度

要想在速度上稳步提高,首先要改掉几个可能存在的不良习惯。一是指读,就是用手指着汉字一个字一个字地阅读方式;二是大声朗读所有内容,而不会默读;三是摇头晃脑地阅读,等等。这些额外的动作对加快阅读速度都是一种直接的障碍。

科学研究表明,这些小动作之所以会干扰阅读速度,是因为运动中枢会对视觉中枢传递信息造成一种障碍,从而令信息的接收变为间接。所以我们要提高阅读速度,首先需要养成默读的习惯,把眼前看到的文字内容快速、直接地传递给大脑,让书中的文字和大脑之间的传递通路排除各种干扰,从而提高你的阅读速度。与此同时,良好的默读对快速理解全文也是很有好处的。当然,有的同学日常有诵读的习惯,但我们要明白:诵读往往是对优美生动的语言内容的一种声音化处理,它对一个人接受经典内容的浸润有所帮助,但和养成快速阅读的习惯不矛盾,这是两种不同指向的阅读方式。阅读就像我们日常吃饭,是需要一点速度的,但诵读就像你在品味一杯美酒,关键是滋味的品尝和鉴赏,并不是为了吃的需要。从这个意义上看,两者不矛盾,因为目标不一样,而且往往在阅读内容上有很大的差别——诗歌美文以及部分小说中的精彩段落适合作为诵读材料,但整本书的诵读则不必要。

第二，要想稳步提高阅读速度，而且不遗漏书中的信息，就必须在阅读眼前的文字时，保持注意力高度集中，做到心中没有杂念

有的学生在读书的时候心不在焉，想的是中午吃点什么，前一晚看过的动画片中的一些精彩画面，或者思绪早已跑到了操场上的快乐奔跑当中，这是不可以的。这些想法和画面等杂念会严重干扰你对书本信息的提取。人的心思就像水和沙一样，如果不集中在容器当中，就会散落一片，没有意义、力量和价值。如果能把我们的心思收集在思想的容器当中，它们才能集中发力，从而去记忆、理解和运用。所以，我们做一件事，就要专心去做，把所有的心思集中起来，集中才能出效果。这一点要格外注意。

有的同学真诚地表示：在读书过程中实在忍不住想一些杂事，涌现出一丝杂念。我想说的是，摒弃杂念集中心思是一种能力，是可以通过刻意训练形成的。为什么许多人强调读书、做事时要有一种仪式感，这种仪式感就是以郑重的心态来集中心思办正事。具体来说，反复集中注意力，努力去思考书中的人物角色、言行表现，努力进入书中的人物和情节，让自己进入书中的情境中，直到排除各种干扰，你的心思就会集中起来。要培养这一点，可以让自己想象翻开一本书就是打开一个新的世界，跟日常生活的现实切割开。这

样做可以让书中的精彩情节占领你的头脑,从而排除掉日常各种场景对阅读的干扰。

第三,重复是提高速度无法回避的。在重读的过程中提升速度,会潜移默化地提升你的阅读速度

如果你喜欢看体育比赛,你会发现:那些最终突破自我、取得世界冠军的年轻人,他们日常在不断地重复训练。刘翔每天在同一条跑道上跨越栏杆,苏炳添也需要反复训练,博尔特又何尝不是这样?他们以千万次的重复完成一系列规定动作,减少损耗,达到最佳。读书的行为和运动员的训练没有质的差别,许多人长年探究一本书或一个作家的所有作品,最终成为研读他们的"世界冠军"——这虽然不是体育意义上的第一名,但这种研读令他们更透彻地理解某些重要作者。要知道,各个领域的专家就是这样炼成的:黄仁宇读了大量明史材料才写出一本极有影响力的经典作品《万历十五年》;杨绛48岁开始自学西班牙文,就是为了翻译好《堂吉诃德》;林少华专注翻译村上春树的作品,而成了翻译村上春树作品的专业户。这些事例都在说明反复阅读的好处:你越熟悉书中的内容,促使你生发灵感的材料便越多,你的收获就越大。对青少年而言,如果能将手中的语文课

本、经典文学作品反复探究、阅读，不仅你的阅读速度会水涨船高，你的理解程度也会随之加深。

阅读课的老师会告诉你：一个人反复阅读经典作品能够将阅读速度和收益提升到最大。古老的格言也提醒我们：书读百遍，其义自见。不仅如此，如果一本书你反复读几遍、几十遍，你的阅读速度会随着对内容的熟悉不断地加快——除非你有意放慢阅读的脚步，去探究某个段落中的蕴意。

第四，快慢结合——把速度掌控在自己手中

读书这件事，有的人强调要快，有的人则认为慢才能吸收得更好。对此我持一种中庸的意见，过快和过慢都不好，都不是理想的阅读状态。真正好的是快慢结合，循序渐进。这也是我多年阅读的一个经验。读一本新书，起初总是比较慢的，可一旦读了三五十页，就可以提速，因为你已大致了解书中的人物、环境和部分情节；而读一篇文章，在读第一个段落或者一两句话的题记时，可以慢慢思索作者的用意，但只要摸准了作者的思想感情，我们就要有意识地加速前进。

如果你的读书经验比较丰富，当有这样的体会：当我

们在阅读一本小说的时候，起初不管速度怎样，随着我们的思想意识进入书中的世界，跟着书中的主人公一起呼吸、一起经历生命中的愉快和艰难，我们对整个故事的渴望便会加深，我们希望早一点知道后续故事的发展，于是便在不知不觉中加快了阅读的脚步，想尽早知道主人公最终的命运——他的愿望是否得以实现，他的痛苦是否已经解脱，他的命运是否已经扭转，等等。我们关心书中人物的命运，甚至有种和他同呼吸、共命运的感受，这样的状态一旦到来，我们便会沉浸到书中去，同时我们的阅读速度也会在不知不觉中加快。

许多读者读到最后一章的时候，却一反快读的状态，有意识放慢阅读的脚步，因为想到即将告别主人公，所以会怀着一种恋恋不舍的心态，想更多地品味阅读的滋味，或者说延长一点阅读的快乐而已。不管怎样说，快慢结合，把阅读的速度掌握在自己手中，是一个读者逐渐成熟的标志。

与此同时，我想提醒青少年的一点是：如果你充分留意文本的整体构成，就能沿着文章、作品的节奏来阅读，从而与作者的写作节奏更为契合，这是很有意思的一件事儿。一方面，当书中的主人公陷入思索的时候，你不妨也思索他的想法，以便更好地深入他的心灵，理解作者的意图；另一方面，当作者用心描绘景致的时候，一般行文的速度会降下来，而当作者叙述事件、打造情节的时候，会以更快的节奏满足读者的阅读快感——这一点其实不是作者随意决定的，是因描写和叙述两种手段的不同效果而造成的。景致往往是静态的，其刻画需要作者使用写作手法，来彰显其画面的美，或联想出有关内容；而叙述的内容往往是动态的，一个环节接着一个环节，就像电影中急速展开的追逐画面，其速度势必更快，所以读者欣赏起来往往总是急于知道下一个画面是什么，因此其阅读的速度往往更快。

第五，写作就像搭积木，阅读要看懂每一块积木的位置和价值，学会通过拆解文章来领略作者的意图——养成用结构思维来看待所有内容的习惯

对青少年来说，阅读时的结构思维是逐步养成的，虽然结构思维是一个抽象的概念，但如果你能想象儿时搭积木的经历，或许对散文、小说等作品的结构思维能有一个感性的认识。

作者写出的散文或小说，都是遵循其内在的思路的，是像搭积木一样"堆积"起来的，造就出一种艺术上的美感。当作者动笔写下第一段，读者读到这一段的时候，其实就是在欣赏第一块积木。同时，当你用积木完成了一件作品，仔细欣赏这件作品的时候，你能否以"复盘"的方式思

考其搭建的过程,来回想整个过程?作者写作也是这样,先写、后写、详写、略写,先写如何带动后写,上下文如何过渡,都是结构思维的体现。所以当你在阅读的时候,能留意到作者的这种结构安排的意图,你对作品的把握会更快。

关于结构,我最常强调的一点,也是足以启发学生们阅读和写作智力的一点是:要学会用拆卸思维来读文章、读小说。什么叫作拆卸思维?一篇散文或一部小说是一个整体,它是由一个个部分构成的,我们在阅读时、阅读后,倘能以拆卸段落的手法去看作者这样安排的意图,我们就能对文章和作品的各个部分有更清晰的认识。我们以读小说为例,常见的小说必须具有人物、环境、情节这三大要素。你有没有想过:

(1)如果去掉书中某个次要人物,对全书的完整性是否有影响?

(2)如果让某个人出场的时间延迟一点,或提前一点,对全书来说是否更好或更糟?

(3)如果删除书中某个段落的环境描写,对该书整体是否有致命影响?进一步思考:作者在这里安排环境描写,其用意是什么?

(4)情节的延续性对任何小说都是必需的,如果少了其中的某个环节,书籍还完整吗?

其实,以上思考不仅有助于训练我们的结构思维,还

第6课 学会快速阅读,提升阅读量

能加深我们对作品和作者的理解。如果你想在一本书当中获益更多,就要把这本书的结构"据为己有",变成自己日后创作的一种方式。你想过没有,如果自己来写这部小说,能否让更有新意的结构呈现在读者面前?比如,让某个人更早地出场,让他在整个故事当中的角色更坏一点或更好一点?

当你具备对文章、作品的拆卸思维之后,或至少你有了这样的意识之后,你便距离"成熟读者"更近了一步。一本书在你面前,不仅仅是一个令人畏惧的大部头、整体的东西,而是各个部分的有机结合。

具体说明一点:作者在作品中的环境描写、心理展示、细节雕琢往往能给作品锦上添花,如果你剔除这部分内容,往往对作品的整个故事没有很大的影响——除非是意识流小说,以作者的心理意识来写作,否则,在一般性的故事中,它们确实能让作品更细腻、更精彩,但它们往往不会影响整个故事的情节,它们不是情节的一部分。相反,主人公的语言、行为、动作以及他面临的事件等,却是构成情节不可或缺的部分。当主人公面对生活的挫折时,他的言行举止必须呈现出来,但其心理活动、环境烘托、细节交代等,则因作者的考虑而适当加入作品中,以丰富人物的形象,打造作品的厚重感。作品中对环境、心理、细节等描述,虽然可以用三言两语概括一下,但作者也有可能花上数页来仔细打磨,以便让作品的内容更饱满。所以,在结构意义上,不同的段落在作品中的意义是不一样的。

当然，对一部完整的作品而言，环境、心理、细节都是极为必要的，它们是作品难以分割的部分，就像一个人一样，四肢健全、五脏健康才是好的，但我们不能说一根手指的意义大过心脏的意义，它们对一个人来说，其价值无疑是有差别的。

第 7 课
复述能力比背诵重要 100 倍

复述能力是我们在学习过程中的一种极为关键的才能。所谓复述，是对所阅读材料的一种再现能力，但这种再现和把一张纸放进复印机当中，复制出一张一模一样的纸张是有很大差异的。复印机的全文复制，等于我们日常所做的背诵，是以严格遵守全文内容、再现全文为目标的。但复述不一样。有人说，复述是一种局部的、部分的背诵能力，我觉得也不能完全这么说，背诵是一种力争和原文达成一致的再现，而复述的过程中可以有我们自己头脑的加工，甚至可以有基于原文材料的某种创造。

我们先看一下背诵和复述的差别。背诵可以锻炼一个人的记忆力，而复述可以练就一个人的再现能力、加工能力和创造性。背诵是不需要加工和创造的，是反对加工和创造的。你加工了、创造了，你就偏离了原文。从这个意义上说，背诵和复述完全是两码事儿。

说到对写作的影响和帮助,复述的功能大于背诵。背诵的是别人的东西,是可以在你的文章当中加以引用的,而复述因为连带着加工和创造,对你的思维和表达是有极大帮助的。这就是为什么100个孩子,如果背诵一首诗歌的话,其达标的要求是背出原文,一字不差,而复述的内容虽然可能是大同小异,但每个孩子之间存在差异。

为什么我非常强调一个人的复述能力呢?

是因为复述中的思考、加工和创造和我们练习写作有着某种天然一致的路径。对写作而言,无非是将眼前的景致经过大脑的思考,再转化成语言文字的过程;或者将头脑中已经积累的某些素材进行加工、组织,从而写出一篇好文章——这便是我在定义作文时所强调的"对素材的战略性安排"。而复述和写作的内在路径,都是把材料经大脑转化成文字——写作是你自主选材并将之转化成书面文字,复述是将特定材料转化成口头文字。

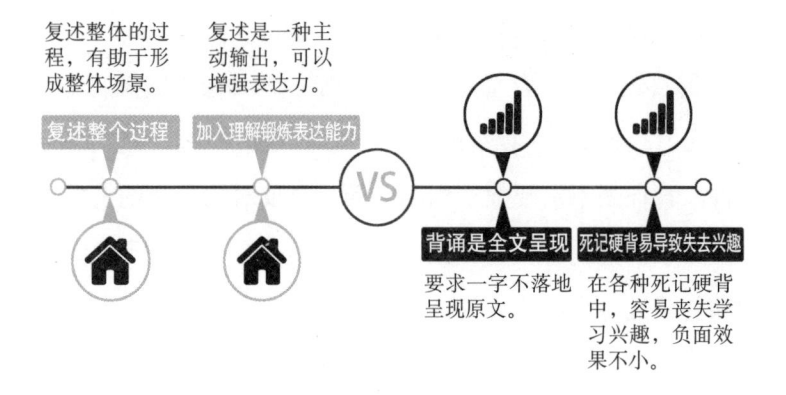

复述整个过程	加入理解锻炼表达能力	VS	背诵是全文呈现	死记硬背易导致失去兴趣
复述整体的过程,有助于形成整体场景。	复述是一种主动输出,可以增强表达力。		要求一字不落地呈现原文。	在各种死记硬背中,容易丧失学习兴趣,负面效果不小。

第7课　复述能力比背诵重要100倍

如果你喜欢背诵古诗词，即使你能对《春江花月夜》《石壕吏》这样的长诗倒背如流，如果不能从诗歌中领会到诗人写作的精妙，只是能背诵而已，那么你在写作时至多可以引用三言两语，绝不会全文引用，更不能变成自己的文章。但如果你对上述两首诗能用自己的话复述一遍，其中一定包含着你的思考、你的加工和你的创造，那么你会发现，你的大脑要想漂亮地完成一次复述过程：一方面你需要把诗歌或其他材料的内容还原成某种画面，再复述；一方面你需要找寻自己的句子，来复述整个内容。当然，诗歌需要背诵的时候多，故事、文章等需要复述的时候多。所以，在语文学习过程中，你可能会遇到这样的作业：请你复述整个故事。

要想很好地复述一个故事，养成良好的复述能力，进而对你未来的写作有所帮助，首先你需要反复阅读原文，甚至是精读。研究表明，一个人在读书过程中越是细致，关注到的细节越多，那么在复述过程中就越容易。其实，这也是再简单不过的一个常识——复述需要你抓住文中多个要点进行综合连缀成文。阅读就像吃东西，复述就像消化它们，只有当你吃得足够多的时候，你才能消化。所以如果你在阅读时敷衍潦草，那么你在复述内容的时候，势必困难重重。

那么，怎样做才能更好地养成复述能力呢？

首先，我们可以从复述故事开始。尤其对广大的青少年而言，读故事是日常学习中一个常见的场景，当你读完一个故事的时候，合上书本，如果条件不允许你出声复述，不妨闭上眼睛，让自己进入轻松的冥想状态，让你的头脑去复现刚刚读到的故事画面。一遍复述下来，打开故事书，再读一次，然后合上书再复述一次。然后比较两次复述之间的差别，看一看自己在第二次复述时补充了哪些内容。这些内容其实暴露了你读书时的某种缺点，甚至是弱点，这不是坏事——起码体现出了你阅读时的盲区，经过几次反复的训练，是可以弥补自己读书时不细致、容易忽略的角落的。

一定要总结！我们的任何进步，都是在总结当中完成的！

其次，从故事开始练习复述，是因为故事比较有意思。故事比较有意思，是因为故事有很强的情节。对一个人来说，这些情节更容易在敏感的人脑中留下深刻印象。故事是随着情节走的，你要从一个情节进入另一个情节，从一个阅读点跃迁到另一个阅读点，让自己的阅读过程在一种起伏中得到心灵的满足。当我们阅读路遥的中篇小说《人生》时，第一章中作者一再写到即将到来一场罕见的大暴雨，这就意味着某种重大事件的到来。而高加林沮丧地回到家中，在愤懑中带来一个令全家感到震惊的消息：自己不再是老师了！也就是说，作者路遥对这本书的情节设计，是从高加林

第7课　复述能力比背诵重要100倍

被革除民办教师资格开始的。这意味着主人公高加林的人生陷入低谷，他不再年轻的父母也遭遇这样的打击。后来的他会重新回到教师队伍吗？还是会有更好的选择？——路遥已经在第一章中置入了第一个情节，引发读者的关注。读者渴望继续读故事，想知道故事的后续，读者的阅读欲望被有效地激发了。

你的眼睛看到的是静态的文字，而你的头脑必须形成曲折的故事线（好的作品具有曲折的故事线，就看你能否领略到），你才不觉得书是枯燥乏味的，才能感觉到真正的好书比看电影——那种流动的画面给你的滋味更美好。

但是，我们不能满足于人脑固有的机能。要想让自己的头脑更加灵活，练就属于你的最强大脑，就必须运用一些科学的手段。除了反复阅读，更细致掌握原文之外，我们需要对所读文章有一种总体把握，这就是阅读经验的累积效果。

以故事而言，它往往是某个主要角色和其他人物之间的关系的呈现，比如在许多寓言故事当中，狼这个角色总是想吃掉白兔这样的弱小动物；而狡猾的（或者说聪明的）小兔子总需要保护自己，从而想尽办法防止被吃掉。这就是两个角色之间的一种常见的人物关系。

即使在复杂的故事当中，比如在《西游记》当中，唐僧总是一本正经、一心求佛、一路向西的；猪八戒总是贪吃好色的代表，容易被各种妖怪诱惑；而孙悟空则本领高强，充满正义，取经路上的大部分困难都是他解决的；等等。我们在阅读过程中，要对人物形象尽早生成自己的认知印象，那么我们在复述故事时，会沿着人物的言行、人物之间的关系自然展开。换言之，我们是在理解故事、理解人物言行当中实现复述的。

　　此外，除了对故事的复述，随着年纪的增长，我们可以把任何文章作为复述的材料。故事只是开启复述能力的起点，当我们走过起点，便不要在意复述材料是不是故事。对一篇充满作者观点的议论文、一篇饱含情感的抒情文、一篇介绍事理的说明文，我们都应该在反复阅读的基础上尝试复述，复述的累积对形成良好的语感、感知全文的结构、触动我们在智力层面对写作的认知，都有极大的好处。

第 8 课
在阅读中接收和理解信息

"信息"是一个神奇的字眼,尽管就狭义而言,它有着特定的含义,专门指通信和消息,通信系统传输和处理的对象。但如果我们延伸开来,以内容的高度来看问题的话,所有的内容都可以理解成信息。即使是一部电影,一部由大量流动的画面所构成的足以令人动容的经典影片,其实也不过是各种信息流的聚合而已。所以,对一篇文章、一部小说而言,各种信息不过是在作者适当的结构安排下,以整体性的方式呈现出来而已,凝结在其中还是各种信息。

阅读的过程就是一个信息接收的过程。因此,你能在多大程度上接收信息,并理解信息,意味着你在多大程度上读懂了文章、小说等内容。简单地说,一个读者阅读能力的大小,取决于他对书中信息的接收和处理能力。一般来说,和一个读者信息接收和处理的经验是成正比的。

如果我们简单、粗暴地把一篇文章、一部小说的所有信息看成100条，那么你第一次阅读的结果，所接收到的信息是多少？是否已经及格（60条）？当你读完一篇文章，你能否流畅地告诉周围的人：这篇文章讲了一个什么样的人，做了怎样的一件事？他在做事的过程中陷入了怎样的困境，他是如何处理的？整件事的来龙去脉是什么，以及作者是如何叙述的？

读一部小说也是如此。小说中男主人公和女主人公是如何相识的，他们之间发生了怎样的故事？过程和结局如何？在这样的故事当中，体现出主人公怎样的性格，表达出作者怎样的思想感情？这些问题，当然既包括了你对信息的接收，也包括了你对信息的处理——理解。

严格地说，我们很难对一本书、一篇文章的信息做到百分之百的吸收，隐藏在字里行间的某些秘密总是难以发现，所以对研究者而言，反复阅读文本，常常能挖掘出甚至作者都没有思考到的境界。对那些阅读经验丰富的研读者、研究者来说，通过挖掘文本中隐含的信息，不仅容易捕捉到作者全部的信息，还能在此基础上衍生出更多的信息——读懂字里行间的东西，所以对研究者而言，他们不仅能读出100条信息，甚至能读出120条来，多出来的东西是附带他们理解的新内容，而这就是研读文本的价值。青少年应该朝着这样的方向去努力。

反复阅读并思考是接收更多信息的不二法门，你对文

第8课 在阅读中接收和理解信息

字内容越是熟稔,你越能从中分析、思考出更多的内容,直到触动你的心灵,引起精神的共鸣,让阅读发挥源源不断的影响。从这个角度看问题,各种文字信息和插图信息可以刺激一个人的头脑,进而生成画面、形成共鸣。

你和文章的作者——两颗从未谋面的心灵(当然也有参加作者签售会而见到作者的情况),因为一段文字便可能形成良好的对接。所以,当你开始读一篇文章、一个故事、一部小说时,表面看在阅读文字,但其实你走在作者的心门周围,试图叩开这道心门,以便走进作者心灵的深处。作者头脑中的信息以文字的形式表现出来,你阅读它们的过程,其实是在找寻作者心灵中涌现的各种信息。

如果我们进一步思考,这些内容便能化成某种无形的力量,融入我们的血液和思想当中,成为我们价值观的一部分。当你在日常生活中有所选择、有所取舍时,你曾经读过的故事、道理等,会悄然启动而影响你的选择。

为什么总有人觉得阅读是枯燥不堪的?较之电影和电视剧,文字是不会流动的,文字是静态存在的。绝不会像电影画面那样流动,凭借着色彩和人物的各种演技进入观众的头脑。这是静态文字的一种局限——它的流动和精彩只能依靠读者用心去体会,深入字里行间才行,当你集中全部的注意力进入文字世界的时候,你会发现文字胜过电影的地方在于它带给你更多的意蕴、无限的可能。静态的文字较之动态的画面似乎更指向永恒，而不是易逝。

　　从来没有一个人是靠观看《红楼梦》电视剧而成为红学家的，他们依靠的是原著，以及历史上同行们的专著而探究出来的。任何影视和视频演绎都难以超越原著的文字大厦，它们在原著面前总是相形见绌。电影和电视剧是以更"浅在"的方式去触动观众，而优秀的文字作品常常不主张迎合读者。虽然世上罕有排斥读者的作家，但每个作家都在心灵深处追求作品的深意和新意，而不是一味追求读者的数量。

　　今天的一些读者，常常犯下美化阅读的毛病。他们可能借助阅读得到某种温情和温暖，希望从中得到一股温馨的力量。这也许是励志美文大行其道的一个缘故。如果我们深深思索那些真正伟大作家的优秀作品，能透过文字表象去探寻作者的思想感情，即使从片纸只字当中也能体会到作者的苦涩、作者的深意。

　　以伟大的古典文学高峰《红楼梦》为例，作者在前面写得清清楚楚：满纸荒唐言，一把辛酸泪。然而不是每个读者都能切身体味到其中的辛酸。如果不去了解曹雪芹本人的现实人生，我们很难体会到他"举家食粥酒常赊"的举步维艰，甚至不敢相信。我同样坚信：安徒生宁愿卖火柴的小女孩快乐地生活在父母的膝下，而不愿她成为自己笔下在大年夜悲惨死去的文学形象——尽管这样的文学形象会流传千古，影响代代读者。

阅读确实可以鼓舞精神，这是阅读固有的一项功能，但单纯美化阅读，很显然会妨碍我们对作品深意的认识。尤其当你被某些华丽的句子所吸引的时候，不要认为优秀的作品就是华丽句子的组合——乃至自己写作时也走上这样的道路。这样就很容易把阅读的功能局限在一个小小的角落当中，其实我们必须通过句子去思考其背后的意蕴，思考作者这样写的深意。

对一篇文章而言，我们要学会依次接收不同层面的信息，常见的有四大层面：事件、情感、意义和结构。

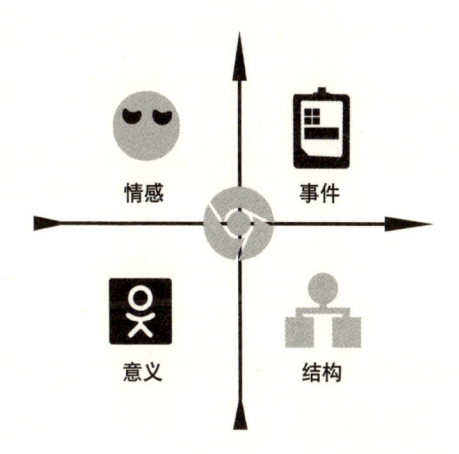

阅读过程伴随对事件、情感的了解，深度理解需要读懂结构和意义

第一，事件层面。 作者在文章当中主要叙述了什么事件？也可理解成故事中发生了什么

这是最基本的一个层面，是我们在读故事的过程中不知不觉接受的，也常常是我们在阅读中最感兴趣的部分。当我们读到一个有趣的故事时，我们兴高采烈、眉飞色舞地讲出来。我们讲述的往往就是文中的故事，这就是一个事件或系列事件的过程。许多读者不喜欢纯理论的学术作品，喜欢各种各样的小说，常常就是这个原因。小说能提供一系列的故事给读者，令读者的心灵随着故事情节的跌宕起伏而兴奋变化。比如《西游记》中，猪八戒吞食人参果，没有品尝到果子的滋味，只能看着师兄和师弟有滋有味地咀嚼果子时，我们会露出会心的微笑，并把这个有趣的情节眉飞色舞地讲给朋友听。这样的故事情节在《西游记》等小说中比比皆是。

第二，情感层面。 作者对文中主要人物和主要事件的情感认识是怎样的

读者随着书中主人公的情绪而发生变化，跟着作者设计好的各种情绪走，从而令自己心中的欢喜、忧伤发生变

化，这是书籍、文章的一大功能。当我们读到卖火柴的小女孩不幸被冻死在大年夜的街道上时，许多读者和我一样，流出了悲痛的泪水。安徒生以伟大的文学艺术充分调动了读者的情感。其他作家也是一样。当我们读到朱自清的父亲蹒跚着爬过铁道边，拎着几个橘子回来的时候，作者的眼泪又来了——而读者何尝不是？一方面我们的情绪随着情节的变化而起伏，另一方面又感受到父子情深。而在《复活》这样的大部头作品中，读者投入其中，便容易对作者着力塑造的马斯洛娃的悲惨命运而感伤，而对聂赫留朵夫曾经伤害、辜负马斯洛娃感到愤怒，而在读到聂赫留朵夫的反省而欲赎罪时，又会持一种同情、赞同甚至赞赏的心理，自然希望看到故事的后续发展。

第三，意义层面。在事件发生和情感表达的背后，作者揭示了怎样的意义

在阅读故事、理解人物和情感起伏的过程中，我们的心中会得出作品的意义。尽管读者的认知未必相同，但心灵常常相通。"一千个读者便有一千个哈姆雷特"，但相通的是，我们对作品的意义会陷入深思，或者说作品的精彩、经典会令我们陷入意义层次的思索。《复活》中的聂赫留朵夫

为什么死乞白赖、不顾一切地要拯救马斯洛娃？从大城市为她打官司到被判刑后一路陪着她前往西伯利亚，聂赫留朵夫在以自己的方式赎罪。而当我们了解到作者托尔斯泰在他现实人生中，曾在二三十年的时光里被信仰问题折磨，我们便更能理解作者打造作品时注入的许多意义，引发我们对作品意义的思考。

第四，结构层面。这是读者一般较少思考的话题，其重要性被严重低估了

我们在写作时，即使是一篇简单记叙文，都应该在动笔之前深入思考全文的结构问题。甚至说，你做任何一个产品、设计任何一个物件，比如常见的设计一个小灯笼、一个洋娃娃、一只风筝，只考虑材质是不行的，必须在思路方面首先解决结构问题。

一般读者不大关注作品结构，不少语文老师也往往只在"总分总"的宏大层面，去谈学生作文的结构问题。而事实上，如果从作品的构成看问题，文章和作品是由形式和内容联合构成的，而其形式便是结构。可见结构对文章、作品的意义。

我们常说，世界上没有两片相同的树叶。其实，世界

第8课 在阅读中接收和理解信息

上也没有两部小说的结构完全一样,文章也是如此。结构是极其复杂的大问题。许多作家终其一生追求作品的结构变幻,而不是故事本身。对一个擅长结构的作家来说,普通的故事也能因结构的精巧设计而赢得读者的喝彩。2015年有一部叫作《心迷宫》的小成本电影,导演运用的就是一种极其复杂的结构叙事。电影中的三组故事因为一口棺材而串联起来,故事彼此独立又互相牵连,巧合中展示出作者在结构设计上的才华。

对一个有经验的读者来说,接收信息未必是依次从上述四大方面进行的,常常是融合在一起的。但对阅读经验单薄的人而言,我们可以从以上几个方面逐渐进入作品中,从而更深入地读懂作品。

第9课

从阅读中感受主次

有人擅长阅读，能从浩瀚的文字资源中很快找出作者的核心意见，或者从一篇故事中摘出核心情节。有人不擅长阅读，便容易被眼前的文字海洋所湮灭。造成这种差别的原因很多，其中一个是：你是否具有选择主次，快速识别的能力。从不同的角度看，文章可以有不同的主次层面，常见文章和作品中常见的主次层面主要有如下几点。

1. 人物的主次。对记叙文、散文等叙事性见长的文章而言，人物的主次常常是一目了然的。学生写作中体现的人物也不多。当你读朱自清的《背影》时，父亲自然是全文的主要角色，是作者"我"着力书写的对象。文中的"我"也不容忽视，因为这提供了一个书写的视角，没有"我"的存在，观察的主体便不复存在。作者多次因父亲的举动而流泪，阅读时读者的眼角也是湿湿的，为什么？源自主要角色的言行带来的。他的言行举止体现出一个老父亲对儿子的关

第9课 从阅读中感受主次

读文章时读什么？常见的是人物、情节和手法

爱，同时对儿子的未来也丧失了一种掌控力，只能由孩子自己到社会上去行走。放在今天，一个强有力的父亲可以安排孩子的一生，但对朱自清的父亲而言，他窘迫的生计问题等其实不允许他对儿子的未来担负更多的责任。所以，这样一位充满无力感的父亲，在车站送别孩子的时候，他所流露出的言行举止，格外令读者生出同情来，眼泪便随之而来，因为这激发了读者的精神共鸣，能想起自己的父亲。

但对复杂作品如长篇小说而言，对其中的人物主次我们首先要有一个洞察。为什么许多人怎么也读不完《红楼梦》？我个人的意见是，曹雪芹在书中塑造的数百个人物及其复杂的关系，对我们一般的读者而言，确实是一种巨大的

"障碍",只有当我们对其中的人物和关系有了兴致并"门清"之后,我们对《红楼梦》的阅读才能更深,更能感觉到它的伟大。

2.情节的主次。一般表现为事件,这也是我们在后续指导写作时有详有略的一个体现。对一篇文章而言,次要的事件、铺垫性的情节,都是为主要事件和情节服务的,或者说为文章主要表现的内容服务的。比如在《"钢琴之王"的微笑》一文当中,作者主要写的是一件事:钢琴家李斯特造访冒充自己学生的姑娘的住处,以澄清事实。李斯特自然是一个胸怀博大的钢琴家,这个姑娘确实冒充了他的学生,而在得知她悲惨的遭遇后,欣然接受她作为自己的学生,并决定和她同台演奏。在这样的故事当中,作者对这个冒充李斯特学生的姑娘的不幸遭遇,是给予了一定的介绍的。作者用了一个段落来告诉读者这一点,但就全文而言,这是一个次要情节,主要服务于全文的主要情节,是李斯特造访她的宿舍而得来的真实故事。放在全文的视角当中,这个姑娘的身世只能算一个相对次要的情节,因为全文的主要情节是围绕李斯特展开的,这个姑娘的身世遭遇是不得不交代的一部分情节,不然读者会疑惑:这个姑娘有什么难言之隐,而必须冒充李斯特的学生呢?次要情节的出现不仅令这一疑惑迎刃而解,还令全文的故事变得更为饱满。对于次要情节,作者不可能也没有必要作为全文的重点来叙述,只要交代清楚就可以了。

而在《钱学森归国》一文当中，伟大的科学家归国的那一天，固然是他长期努力和期盼已久的一刻，固然是令人欢欣鼓舞的一刻，但这样的情节和他执意回国的各种努力（情节化体现），以及排除各种干扰坚定回国的情节相比，当然是次要的。

3.手段的主次。手段是行文中的各种考虑，涉及的方面比较多，涉及结构手法、艺术表现、语言修辞等各种情况。一个有经验的读者常常关注这些方面，进而能更快领略作者在全文上的特殊安排。

（1）结构的安排。结构是对材料的战略性安排，凝结着作者背后的用意。为什么有的文章在素材安排上使用的是并列手法，而有的则采用递进的手法？为什么有些还需要做对比？在一些具体的结构手法上，有时作者巧妙地设置了悬念、安排了线索、使用伏笔和照应、在过渡上衔接得非常到位，首尾呼应、卒章显志，还通过题记暗示读者许多内容……这些结构手段的运用，都有作者在构思层面的考量。作为一名读者，如果我们经验丰富，那么对它们的存在势必会一目了然。如果暂时不能做到这一点，我们便需要细细思量一番，揣摩作者的特殊用意，还可以更进一步，去拆解它们、删除它们，看看是否影响全文的表达。

（2）行文手法的使用。文章是记叙文、抒情文还是议论文？散文、小品文还是应用文？不同的文体动用的行文手法是不一样的。看出文体不难，从宏观上便能识别。青少年要有进一步细看的习惯，在一个段落当中，哪些是记叙、描写，哪些是议论、抒情？较之单纯的文体，这样看便更进一步，要做到"细看"甚至"探究"。更进一步是表现手法的使用。所谓欲扬先抑、联想想象、烘托象征、虚实结合、借景抒情、托物言志、点面结合等，能做到一目了然是最好的，至少我们要有这样的意识。

（3）各种修辞的使用。这是语言层面，常常是青少年最关注的。比喻、拟人、夸张、设问、对比、对偶、反问、引用、排比等，都是非常常见的修辞手法。通过阅读，我们能轻松识别出常见的修辞手法，对我们深入了解文章的内在含义十分有帮助。

总的来说，当我们在阅读一篇文章、一部小说的时候，其实是需要一双特殊的"慧眼"的。这双眼睛能让我们透过文字表面，看到作者的构思用意，读懂作者的思想感情，识破作者的各种手段。唯有如此，我们才能真正读透一篇文章。当然，这需要一个过程，需要常年的累积，才能逐步完成。从一个一般性的读者到一个专业的读者，除了大量的阅读、思考和积累，我们很少有其他的好办法。

第 10 课
领悟作者的观点

所有文章中都包含或隐藏着作者的观点——准确地说,是作者的价值观。如果你已经接触议论文写作,对观点在文章中的位置、价值自当有所了解。议论文只是文章的一种形式,作者的观点是可以,也是应该鲜明亮出的。受到文章特定属性的限制,作者在一篇以发表个人看法的议论文中必须鲜明亮出自己的观点。

一、议论文中的观点表达

在青少年常见的议论文当中,观点必须集中而鲜明。两者同时具备,是写好一篇议论文的前提。有的青少年不理解这一点,故而在议论文中大量融入情节化的叙述、细致的新闻事件作为素材,而在提出鲜明而集中的见解方面却不那么干脆。这是导致青少年议论文走向失败的一大原因。殊不知，我们写议论文的目的，就是鲜明地亮出自己的看法，并给予恰当的论证过程，即使在你的文章当中有新闻事件、故事情节做素材（论据），也必须完全服务于你的观点，但常常是点到即止的。一旦你沉浸到细致事件的陈述当中，便会让你的议论文面貌模糊，不易让读者识别你的观点。

我所说的"集中"要集中到什么程度？很简单，你的观点必须集中在一条线上，而不是两条或更多。但在这条线上，你的观点可以多次细分，就像一棵大树向上生长可以分出多根树枝一样，再把你精心安排的"枝叶"点缀其间，从而让整篇文章"枝繁叶茂"。或者说，你的观点要像一棵树一样，核心的观点和细分的观点交织在一起。

二、非议论文中的作者观点

很显然，议论文中的观点是明显的、容易被读者感知和捕捉的。在其他类型的文章当中，作者的观点也是存在其中的。包括记叙文、应用文（书信等）以及想象作文，能让全文完整地呈现出来，注定要有作者的见解。比如，在老舍的著名散文《想北平》当中，作者就通过比较北平和伦敦、巴黎等城市的不同，而得出了北平的城市建设"处处有空儿"这样的思想和观点。他说："北平在人为之中显出自然,几乎是什么地方既不挤得慌,又不太僻静,最小的胡同里的房子也有院子与树,最空旷的地方也离买卖街与住宅区不远。北平的好处不在处处设备得完全,而在于处处有空儿。"这样的观点让散文言之有物,不是只有美好的文字。

老舍在《北京的春节》这种记录民俗的散文当中,也会提出自己的观点,比如他对腊八粥的看法,他说:"这种特制的粥是为祭祖祭神的。可是细一想,它倒是农业社会的一种自傲的表现。"为什么老舍说这是农业社会的一种自傲的表现呢?他立即证明这一观点,说:"这种粥是用所有的各种的米,各种的豆,与各种的干果熬成的。这不是粥,而是小型的农业展览会!"你看,作者在一种风趣当中便证明了自己的观点,让散文荡漾着思想的精华。而对北京民俗中人们在除夕就把未来初一到初五该切的东西都切出来,老舍先生说:"这含有迷信的意思。不过它也表现了我们确是爱和平的人,在一岁之首连切菜刀都不愿意动一动。"这也是作者的见解、思想的表现。

而在青少年热衷的哲理散文当中,观点的存在是必需的,并且其中的观点常常有新意,且与人生息息相关。想来,一个人之所以变成熟,一个重要的指标就是能从日常生活、自然现象、社会现象中提炼出生命感悟,并形成自己的看法。即使是一片飘落的叶子,我们不仅能感知秋的到来,

老舍的《北京的春节》一文中的"见解"

05 比较现在和以前过年
以前,人们过年是托神的庇佑,现在是大家劳动终岁,大家也应当快乐过年。

03 白云观各种表演
这些比赛并不争取谁第一第二,而是在观众面前表演骡马与骑者的美好姿态与技能。

01 对腊八粥的看法
腊八粥简直是农业社会的一种自傲的表现,是农产品展览。

> 在老舍的散文中,对北京的新年有各种交代,交代之后往往有自己的意见,这也是议论,但无比简洁。所以,千万别把议论局限在议论文当中。它无处不在。

04 针对广告
晚间灯中都点上烛,观者就更多。这广告可不庸俗。

02 旧社会传统
旧社会人们在除夕把东西都切好,省的初一到初五再动刀。这含有迷信的意思,但也表现了我们确实是爱和平的人。

还能就秋的意味写出自己的某种见解。即使是一滴普通的水滴,我们既能推测出大海的存在,还能从这滴水洞察生命的意蕴。在你的文章当中,如果你具备了把各种现象升华为文化哲理的能力,那么你的文章便有了深意、新意、哲理,就能向读者传递你的思想、意见和价值观。

在写哲理散文这样的文章时,青少年易犯的错误、出现的写作问题是:过早、过快地得出一个十分寻常的结论,以先行的结论来切入文章,再把重点的案例拿出来,文章结束前再点题。这是典型的"作文思路",但不是典型的"写作思路",两者的区别很大。

第10课　领悟作者的观点

举一个简单的例子，一名同学以《没有人会随随便便成功》为题目，简明扼要地给出观点后，写了博尔特的成功是在经过许多次起跑训练后获得的，从而得出上面的结论。我在批改时提示他：可以从博尔特的例子出发，以"一万次的起跑"为行文线索（"一万次的起跑"是这篇文章中的句子，是作者认同的一个细节），一方面它刻画了博尔特反复训练次数之多，甚至导致自己的脚发生局部的生理性改变，以适应奔跑；而另一方面"一万次的起跑"也可以泛化成所有追求成功的人不厌其烦的训练和努力——谁都要经过一万次的起跑，才能最终成为所在领域的"王者"，成为战胜自己的一种有效方式。这样一来，博尔特的案例带给人的启发，和作者在文章中的观点便融合起来，而不是独立的、分割出来的东西。批改前的写作是"教育"人的，修改后的写作则是"感染"人的——这是两者的主要差别。

同时，我们用案例得出结论、给出自己的观点不要过快，否则你的案例就像是拉过来充当临时服务员的角色，实际上你可以在叙述时像抽丝剥茧般逐渐给出你的看法。批改前文章的思路是这样的：告诉你们，谁要成功都得努力！你看，连世界冠军博尔特的短跑特长都不是天生的，他也要付出"一万次起跑"这样的努力才行！而修改后的思路则有效控制文章的节奏：对博尔特这样的大师级运动员来说，他也需要一万次的起跑才行。其实，任何人想在专注的领域内创造成绩的话,都需要经过"一万次的起跑",你说呢?

在哲理散文中有自己的观点,青少年是容易理解的。青少年似乎容易产生一种思想误区,觉得写人和记事的记叙文中只有情感的存在,尤其是记人作文。其实,在这类记叙文当中也可以有思想观点。

第 11 课
训练概括的能力

概括是一种能力，是一种将复杂的事物简单化的方法，是一种化繁为简的能力。从思维的形象认知看，我觉得概括是对各种关键信息的一种提取和组织，在思维上表现为"收"；而构思过后的动笔阶段，其实是思维上的"放"，把确定性的框架用你的语言表达出来，其结果可能是五百字或八百字的文章。

对一个作家而言，再复杂的故事（小说）都是有起点的，这个起点一旦经作者的深入挖掘，就可能形成全书的立意，进而像一粒种子投入土壤那样，开始一个繁殖的过程。最终，这颗种子长成了植物，开花结果，展露生机，给世界增添美好。以《西游记》为例，孙悟空的出世是作者构思上的一种创举。孙悟空没有父母，而是来自一块顽石的孕育，乃天地灵气之造化，终有一天他会来到人间，从而创造属于他的故事。这个构思的神奇之处很多，但其中的一点令人深思，这便是"无中生有"——这恰好印证了写作的一种特质。

所以，概括就是把各种有效信息集中在一颗种子身上，让它携带各种信息进入土壤去生长，从而长大。对一篇文章、一部作品而言，任何人都可以运用自己的概括力来浓缩文本，而从写作的角度看，概括能力同样重要：可以帮你在未动笔前形成良好的框架，然后在这个高度浓缩的框架下展开后续的文章。

某种意义上，你在考试时圈画材料作文中的某个句子，确定写作方向，然后列出写作小提纲，再把小提纲的框架性文字延展成一篇五百字的作文的过程，就是概括能力的展现与写作能力的配合过程。在日常的训练当中，要想提高概括能力，把一本书的内容概括成一页纸的篇幅，或者简化成三两句话，是需要我们不断训练的。

把一本书的内容概括成一张纸的篇幅。拿出一张A4白纸，把你读过的一部小说，以简洁的笔触提炼出来，围绕着什么人、在什么地方、发生了怎样的故事这个思路，将全书当中的故事化繁为简。比如我们读了鲁迅先生的《在酒楼上》一文，可以尝试做下面这样的概括：作者描写的是某次回家乡小住时遇见的人与事。有一天，"我"到附近的酒楼去喝酒、吃饭，恰巧遇见了一个多年未见的老友。他是"我"多年的老友吕纬甫，看起来落魄不堪。在作者眼中，

第 11 课 训练概括的能力

当年意气风发的年轻人,如今有了极大的变化,仿佛不是一个人似的。目前他做教书先生,他给"我"讲了一点他的故事。这次回故乡,他是带着母命而来的。他3岁便夭折的弟弟的坟头浸了水,母亲要求他迁走弟弟的坟。吕纬甫还给一个船户的女儿买了两朵剪绒花,他心中惦记着她,然而不幸的是她已经死了。作者对吕纬甫的改变感到心情低落,十分同情,请老友吃饭、喝酒,这是一次短暂的巧合,这次见面给了"我"很大的精神触动。——在这个概括当中,你化身成了作者,以作者的视角去简化整个故事,概括出大意、梗概。

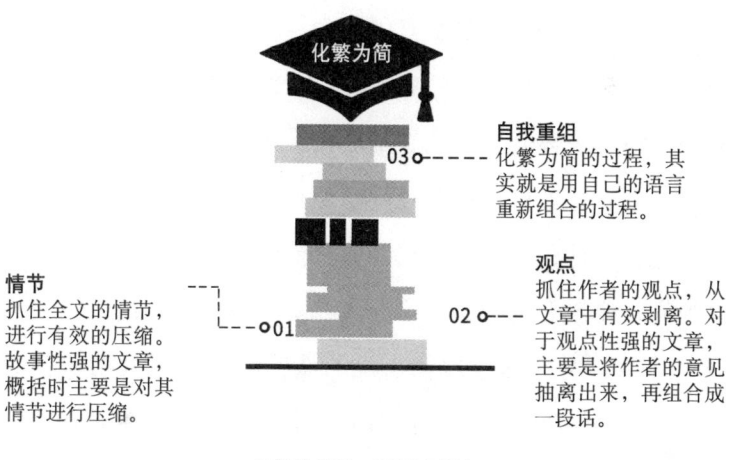

化繁为简

自我重组
03 —— 化繁为简的过程,其实就是用自己的语言重新组合的过程。

观点
02 —— 抓住作者的观点,从文章中有效剥离。对于观点性强的文章,主要是将作者的意见抽离出来,再组合成一段话。

情节
抓住全文的情节,进行有效的压缩。故事性强的文章,概括时主要是对其情节进行压缩。
01

化繁为简是一种基本能力

以上的概括侧重对故事情节的化繁为简，至少对我们精简小说的情节有一定的意义。我们自然也可以概括成两三句话，比如，作者通过和一位老友的偶遇，以及两人略显沉闷的谈话，体现出作者对当时社会的一种认识。——这种认识是辛亥革命不彻底造成的，并未能在实际上改变传统社会中的诸多沉疴痼疾。

概括的结果可能因人而异。如果是为了支撑自己的学习，通过概括达到化繁为简的效果，以便在日后写文章、研究时引用，以及对我们的思想构成某种影响，我们就可以根据实际需要，将文章和作品概括成一句话或一段文字。

1.对散文、记叙文的概括。概括这两个类型的文章，其着眼点有两个，一是文章的内容、情节（完整的或主要情节），二是体现出作者的思想感情。两者都是以某种实写的片段、情节来体现作者内在的心情、思想，前者是手段，后者是目的。比如许地山的《落花生》一文，作者通过一家人对落花生的认识，经过种植和收获而体现出做人也要像落花生那样，要做有用的人，不要做伟大、只讲体面的人。

其实，对大部分短篇小说的概括和对记叙文的概括是一样的。小说通过丰富的情节向人们揭示某种人生道理，体现作者的思想感情。相比于散文，小说的情节更丰富，就像一棵枝繁叶茂的大树一样。凡是以故事性、情节性见长的文章，如写人记叙文、记事记叙文，各种小说以及各种故事，

第11课 训练概括的能力

对它们进行概括时要着眼于情节,通过压缩而实现。

2.对观点性文章的概括。比如议论文、事理说明文、杂文、时评等以见解见长的文章,对其概括常常更容易。一方面我们着眼于提取观点,另一方面我们对其中的材料稍作概括,便能将数百乃至上千字的文章进行简化。在这种类型的文章当中,抓住体现观点的中心句子是概括的主要技巧。从行文上,议论性的语句是重点,而叙述性的、刻画细节的文字则常常不是重点。

3.重组语言的能力。概括的结果是以简短的语言体现的,所以要用自己的语言重组内容,并且常常是用简短的话语来完成。不知道你发现没有?当你用自己的语言来组织内容时,其实也是一种创作,这与我在第7课中强调的"复述比背诵对写作更有价值"是同一个意思。

概括是根据自我认知,将复杂的内容简化,用自己的语言重新组织,其标准是简洁而完整。概括是把庞大的内容最小化,是郑板桥所说的"删繁就简三秋树"。

第 12 课
学会有效描写

描写是青少年写作中语言表达的最大障碍——不管你承认与否。在我常年的批改过程当中,只有一次一个作者告诉我:她对描写这件事儿不头疼,甚至可说是很擅长;而对议论和抒情比较头疼。阅读她的文章后我发现,其实她的自我要求很高,她希望在使用议论和抒情这两种手段时能摆脱简单化,而达到像细致、细腻刻画描写那样的层次。因为在她和她周围的人看来,所谓抒情不过是一种发自内心的感叹,连续感叹几句足矣;而议论不过是在感慨基础上提出两三个句子的看法,一个人想提出真正的独特见解来——实在难死了。我感叹这样的作者是罕见的,至少她在尝试突破同龄人对抒情、议论的简单化处理,并且她对刻画的认识,是她身边的同龄人所不及的。

不知大家发现没有,抒情和议论被认为简单的一个原因是:它们来自我们的主观,来自我们内心的想法——我们如何抒发情感、表达意见，掌握在我们自己的手中。即使抒情和议论有粗疏和浅薄的意味，至少抒情和议论是不难的。而刻画不是从我们的心中主观性地流淌出来的，它主要依赖我们对外部世界的切实的观察力。

一、描人

当你刻画一个人的时候，他的长相、神态、动作等，需要你在十分细致地观察过后表达出来，只有观察细致入微，而且表达能力不差，才有可能把这个人刻画得细腻、细致。如果一个人的观察力不足，对一个人只有粗浅的、模糊的印象，就难以在脑海中呈现一幅细致的画像。我相信，他刻画的这个人也一定是模糊不清的。

一个作家最伟大之处在于：他能将复杂的立体生活，在一个平面内精彩地展示出来；将一个动态的有机过程，用静态文字的刻画功力有机地呈现在读者眼前。你看曹雪芹的《红楼梦》，那么复杂的荣国府、宁国府，聚合了多少人的性格和复杂的关系，以及各种各样的事件，如果你置身其中，你自然能感受到这份复杂。但在平面的纸面上，如何有序地塑造出每个人的样子，整合出他们的故事，就不是一般的作者所能操作的了。

以对人物的刻画而言，描写是我们不能绕过的一面"高墙"。逾越这面高墙不容易，它可能是所有写作手段当中最难闯的一道关。一名学生可以用带感叹号的句子表达内心的情感，可以写出犀利无比的见解，也可以用平实的句子（说明）介绍眼前的茶杯，并把一件事的来龙去脉讲清楚（叙述），但要想在关键时刻，对其中的人与物做细致、准确的刻画，不是一件容易的事情。

我们对人物的刻画是由两个层次构成的，一是刻画人物的表象、表面，或者说外部；二是刻画人物的精神，或者说内在。

1.描人的外部（表面）

青少年在写作过程中，喜欢追求各种技巧，这固然是进步的表现，但如果没有以基本观察为前提，即缺乏对周围的人和物的观察，使用再多的技巧也终将无用，常常导致你的刻画陷入一种无效描写当中。即使是对人物的表象——外在的长相做肖像描写，也常常是失败的。比如，一个学生这样写他第一次见到的一个孩子："乌黑明亮的眼睛、小巧玲珑的鼻子，高挺的鼻梁、黑框眼镜。不大不小的嘴，饱满的嘴唇。"当读到这样一段对人物的刻画的时候，我认为这就是无效刻画，因为我觉得自己也长这样。大家想想看，我们对一个人的肖像的刻画，如果不能花三言两语抓住他有别于人的特点，那么这个人物在我们的眼中要么是模糊的，要么只是一个抽象的人,不是活生生的具体的人。

著名作家冯骥才在《俗世奇人》当中,对苏七块的描写是这样的:

> 他人高袍长,手瘦有劲,红唇皓齿,眸子赛灯。下巴一绺山羊须,浸了油赛的乌黑锃亮。张口说话,声音打胸腔出来,带着丹田气,远近一样响,要是当年入班学习,保准是金少山的冤家对头。手下动作更是干净麻利快……

这样的刻画,人物的形象才能栩栩如生。当然,这是名家尤其是承继了中国传奇故事的大作家冯骥才特有的一种刻画手法,然而对青少年来说,抓住人物的关键特点进行刻画,才是一个有效的方向。

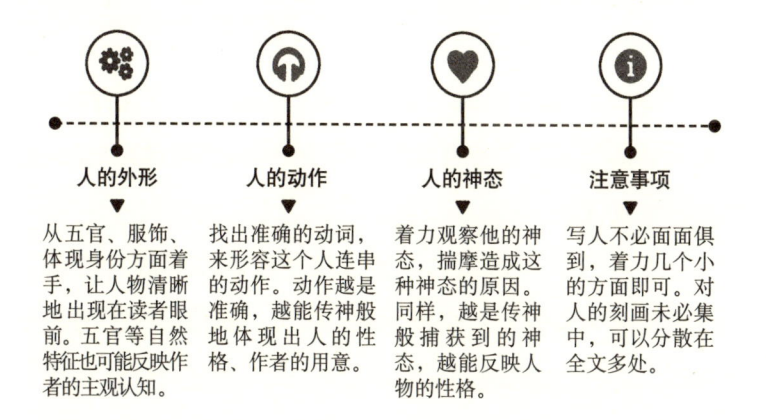

人的外形	人的动作	人的神态	注意事项
从五官、服饰、体现身份方面着手,让人物清晰地出现在读者眼前。五官等自然特征也可能反映作者的主观认知。	找出准确的动词,来形容这个人连串的动作。动作越是准确,越能传神般地体现出人的性格、作者的用意。	着力观察他的神态,揣摩造成这种神态的原因。同样,越是传神般捕获到的神态,越能反映人物的性格。	写人不必面面俱到,着力几个小的方面即可。对人的刻画未必集中,可以分散在全文多处。

鲁迅先生对"少年闰土"的刻画也是极为传神的。他在文章当中说:"深蓝的天空中挂着一轮金黄的圆月,下面是海边的沙地,都种着一望无际的碧绿的西瓜。其间有一个十一二岁的少年,项带银圈,手捏一柄钢叉,向一匹猹尽力地刺去。那猹却将身一扭,反从他的胯下逃走了。"作者从少年闰土的年纪——十一二岁开始向读者交代,对他在海边沙地上戴着银圈、手捏钢叉,以有力的动作——向一匹猹尽力刺去的形象做了很好的刻画。

如何才能实现有效的刻画?在细致观察的同时,我们在哪些方面用有效的语言转化,才能实现一种有效的刻画?首先,观察所写人物独有的一些特点,不用泛泛的形容词概括一个人的模样,就像上面说的"大大的眼睛、不大不小的嘴",这给读者造成的印象是难以把握的、模糊的,什么叫作大大的、不大不小的?可以用词汇组合出具体的、可感的句子来形容。

其次,可以用动词形容当事人(刻画对象)的样子。一个人的动作是在动态地展示其行为,较之静态的形容,给人的印象更深。

再次,每一个短句的刻画,都隐藏着深层次的信息,刻画人物的表象时,不能停留在表象上,而要给读者传递出他性格、心理上的某种信息才行。"少年闰土向一匹猹尽力地刺去",可以说明少年闰土了解猹的狡猾的脾性,他是一个聪明的少年,他有能力、有智慧保护这片西瓜地,也能看出少年闰土虽然年纪不大,但干活儿时认真、尽力和负责等各种各样的心态。如果鲁迅先生说闰土"抓起一柄钢叉,朝着猹的方向扔过去",你看,如果换掉动词,闰土将不再是这个闰土!"抓起"虽然能体现一个人反应快,但忽略了猹的狡猾,可能打草惊蛇,同时显得这个举动有点糙;如果朝着猹的方向扔过去,那目的也变了,他没有打算抓住这匹猹,而是胡乱地吓走而已。可见,准确用词能很好地体现一个人的性格特点。

最后,青少年在刻画人物的时候,容易有一个错误的意识——追求大段文字的堆砌式刻画。其实不必,抓住一个人的特点,常常需要三言两语就够了。鲁迅先生在《藤野先生》一文当中,只说他"是一个黑瘦的先生,八字须,戴着眼镜,挟着一叠大大小小的书",尤其是"黑瘦的先生、八字须"就足以让藤野先生的形象跃然纸上了。这种简洁的文风值得我们思考和学习,换作青少年初学作文,面对同样一位藤野先生,也许会这样写:进来一个先生,皮肤有些黑,长的也很瘦,他的胡子很有特点,一撇一捺的,像一个八字。这样的写法,显得啰唆,不够简洁。而鲁迅先生只用了八个字就刻画得很充分。所以,我们在刻画人物的时候,不必把文字的数量当作主要追求,相反要"做减法",力争用最短的文字让你的人物栩栩如生才好。当然,有时你的大段刻画带有某种暗示性的信息,是为下文的一些内容做铺垫,这时候,我们自然不必拘泥于上面这个原则。这也符合"文无定法"的作文原则。

2.描人的内在精神

人的内在精神是可以直接描出来的吗?这涉及描写人物肖像之外的一些手法,上面其实已经有所提及,毕竟这些手法在运用的时候是融合在一起的。这就是关于神态、动作、心理和细节等方面的描写。在《诗经》当中,有这样的句子:"巧笑倩兮,美目盼兮。"很灵动地刻画了人物的神态——轻巧美妙的微笑,体现出人物顾盼生姿的情态,很传神。

在莫泊桑的名篇《羊脂球》当中,十个人乘坐马车劳顿了整个上午(其实从清早到过了中午时间),大家是又饿又累,周围又没有饭店。只有羊脂球一个人拿了一篮子食物,她几次弯腰后终于把吃的拿出来。这时,周围人的神态是耐人寻味的。当时,"每个人的脸都苍白无光"——说明他们早就又饿又累、疲惫不堪;两个修女"一动不动地坐在那里",是一种面无表情的样子,作者说:"肯定是在向天上表示她们的痛苦,以答上天赐苦之恩"——这是一种讽刺;"所有的目光都盯着她(羊脂球)""鸟先生的眼睛发着光"。这些关乎神态的刻画,传神地体现出在特殊的环境当中,饥饿、疲惫的人们面对羊脂球的一篮子丰盛的食物所

第12课 学会有效描写

表现出的某种心理——这里的信息很丰富。

眼睛是心灵的窗户，这是不错的。一个人的内心是可以通过他的眼神，包括他的面部表情体现出来的，有时候掩饰都掩饰不住，就像羊脂球周围的九个人对她的一篮子食物产生的本能的觊觎心理，内心对羊脂球身份（一名妓女）的不屑。这种心理上的巨大优势，在没有食物可吃的情况下变成了一种悻悻的心理，包括贵妇人对她的不屑和嫉恨等，都能很好地体现出来。一个人的眼睛是会说话的，一个人有多少种心理，就可以有多少种眼神。空洞的眼神、傲慢的眼神、慌张的眼神、自信的眼神、不屑的眼神、蔑视的眼神等，无不在暴露一个人内心真实的想法。所以，要想很好地掌握神态描写，我们不能不结合一个人的心理来展示。

动作描写的重要性不言而喻。人的行为是由一连串动作构成的。在《羊脂球》当中，"伯爵当机立断，他转过头去，对着他怯生生的胖姐，摆出一副高不可攀的贵族派头，说道：'好吧，夫人，我们领情接受邀请。'"在伯爵开口说话之前，是一系列的动作：转过头、摆出贵族派头。这些动作一方面展示了他"当机立断"的"果断"心理，另一方面又不忘体现出自己高人一等的身份——他是一个贵族。

所以在动作描写时，请牢记：用一连串的动词，准确地写出人物的行为变化。比如，写一位老师在课堂上的动作：猛地转过身，目光如刀子一般朝着发出声响的所在，逼视着某某同学，然后缓缓地说道："请你站起来。"在塑造连串的动作过程时，有一种很好的方法是值得我们掌握的。这就是看电影时的慢动作拆解，或者说反复还原当时的动作过程，从而找到最贴切的词来形容其过程。动作描写是一连串动作的连接，也可以说是人物举止出现变化的节点造成的。著名作家梁晓声在《我的小学》一文中，写他的语文老师十分关心他，在他受尽班主任的嘲弄之时，把他找回来，给他整理个人卫生。他是这样写的："她又拿起她的脸盆，领我到锅炉房，接了半盆冷水再接半盆热水，兑成一盆温水，给我洗头，洗了三遍。"在这个句子当中，他的语文老师给他洗头的整个过程，是一连串的动作构成的：拿、领、接、兑、洗等。这样就体现出作者对当时这件事、整个过程的深刻记忆，老师对他的关爱也自然地显露出来。——不同的动词，可以在特定的节点上产生变化的效果。拿脸盆和领着学生是衔接的，接冷水和接热水是衔接的，等等。

一连串的动作自然地延续下来，组成一幅动态的画面，从而形成一段有意义的文字单元——语文老师爱我，我对这件事印象深刻，我也爱我的语文老师。

动作描写的一个基本要求就是准确，只要准确了，内容就会生动。有青少年在写作过程中，刻意选择一些华丽的"大词"，行文中充斥着各种各样的形容词，反而败坏了读者的兴致。

其实,细节描写也是如此,不过是将特定的对象、情节等充分放大的结果。梁晓声在《慈母情深》这篇文章(原文)当中,对母亲工作的纺织厂的女工的口罩有很细致的刻画,比如:"都有三个实心的褐色的圆。那是因为她们的鼻孔和嘴的呼吸将口罩濡湿了,毡絮附着在上面。当然除了口罩之外,还有她们的头发、肩膀和背心也差不多都成了褐色的,毛茸茸的褐色。"以至于梁晓声感叹:"我觉得自己恍如置身在山顶洞人时期的女人们母亲们之间。"作者对细节的刻画——小小的细节,衬托出母亲恶劣的工作环境,以及她们工作时的辛苦程度。从细节刻画的技巧来说,细节刻画是针对有意义的内容点充分放大的结果,从而起到更好地突出、衬托的作用。形象一点说,细节就像一个圆心,我们从这个圆心延伸出去,以某个适度的半径画出一个圆。本来它只是一个点,经过放大,它成了一个圆。

二、描物

除了对人物的描写,另一种重要的描写是对物的刻画。这种刻画也十分常见,并且包括了对风景、风俗、风物等方面的刻画。对青少年而言,最主要的一种是对风景的刻画,包括大自然赐予人类的自然风景,风雨雷电、高山大川、日月星辰等，都在其内。同时也包括一些人工制造的景点，是我们常去游览、旅游时见到的场景，如辉煌的宫殿、美丽的壁画、各种道观和寺庙、寻常的公园等都在其内。

　　风物对青少年而言，在写作时涉及的往往是一些器物；而风俗则主要是一些民风民俗的东西，如春节、端午、中秋、重阳、国庆等节日，在这样的节日全国都会放假，假日作文、节日作文也随之而来。此外，便是一些少数民族的节日活动，以及自己的故乡特有的民风习俗。比如萧红在《呼兰河传》当中所说的："呼兰小城人民的精神盛举，如跳大神、唱秧歌、放河灯、野台子戏、四月十八娘娘庙大戏，等等。"当年东北小城呼兰的这些风俗，虽说大部分有着很强的封建色彩，但这就是一种民俗。

　　对物的刻画，主要由两个方面构成，一方面是它的形式，一方面是它的意义。

　　"竹外桃花三两枝，春江水暖鸭先知"，这样的名句呈现给读者的，一方面是刻画景致实实在在的样子：竹林的外边开放着三三两两的桃花，鸭子最先知道江水已经变暖，已经在江水里游了起来。这是表象，是形式。另一方面是其意义：作者通过这种刻画，表达出春天来了，眼前的景色一派欣欣向荣的样子。同时也能体现出一种内在的哲理，尤其是"春江水暖鸭先知"，经常被人们加以引用，说明深入实

第 12 课　学会有效描写

际的人，才能透彻地了解事物发展变化的规律。所以，好的刻画绝不是浮在表象上的，一幅《蒙娜丽莎》何以如此有名？仅仅是因为画得像而已？绝不是的。这幅画代表了文艺复兴时的美学方向，体现了当时的人文主义思想，极具代表性。

对物的刻画，除了专门的写景状物的文章之外，在其他的记叙文当中也存在。虽然后者的刻画主要是服务于文中人物的心理、展示写作背景等，然而也很重要。当我们以这样的目的来描景、描物的时候，不必过分细致，能取其大略，简明扼要，便是有效描写。这一点是值得我们格外注意的。

第13课
感受环境描写的重要性

理解文章的全部,就不能不对其中的环境和人物做切实的思考。这两者放在一起,主要是考虑到人是环境的产物,人和环境之间有着一种相互的关系,这种关系既表现为一种依存关系,也表现为一种紧张关系——在文学作品当中,作者更多的要表现人和环境的紧张关系。只有在一些反映自然主义的作品中,如在《瓦尔登湖》里作者更强调人与自然环境的依存和谐。而在其他的自然主义作品如《寂静的春天》当中,作者意识到人对自然的破坏已达十分严重的地步,故而强调这种紧张。人在特定的环境当中,既要生活在环境之中,也有挣脱环境的欲望,尤其是人和环境处于一种紧张关系时。环境成就了一个人,令他生成了独特的、迥异于他人的个性特点。假如环境脱离了人,又有什么意义呢?

第13课 感受环境描写的重要性

一、文学作品中的环境时常扮演人物的"心相"——暗示、衬托、象征着人物的真实心理和品格

不少青少年在阅读作品时,有意无意地忽略其中的环境描写,在有些人眼中,环境的刻画就像人身上的赘肉一样无用。原因也许是一旦作者着墨于环境描写,整体的行文节奏往往会变慢,贪快的读者往往受不了。尤其面对一些古典文学中对环境冗长的大段刻画,时常略过。其实,文学作品中的环境刻画,时常扮演的是人物的"心相"——它往往能暗示、象征、衬托作品中人物的特定心理,这对我们深入了解人物的心理有十分重要的价值。在散文和小说当中,环境描写往往有着相似的一面。

在《走一步,再走一步》一文当中有两段写环境的文字:"时间一分一秒地过去,暮色开始四合。在一片寂静中,(我伏在岩石上,恐惧和疲乏使我全身麻木,不能动弹)。"另一段:"暮色苍茫,天空出现了星星,悬崖下面的大地越来越暗。"(这时……)从作者对暮色、天空、悬崖的刻画当中,我们不难理解作者当时的心情——紧张的、胆怯的、焦虑不安的。"暮色四合"这种环境变化,给人一种周围的环境在收紧的感觉,其实收紧的是作者紧张的心。

在散文《散步》当中,一家三代四口人去散步,作者的笔触很快写到了"南方初春的田野",见到了"大块小块

的新绿随意地铺着，有的浓，有的淡；树上的嫩芽也密了；田里的冬水也咕咕地起着水泡。"这样的景色令作者感受到"一样东西——生命"。作者上有老母亲，下有小孩子，这个阶段的人最容易涌起对生命意识、责任的感受，而春天的环境给人以生机勃勃的气息，完全契合作者心中对美好生命的珍惜，对幸福小心翼翼地守护。

而在托尔斯泰的《穷人》一文当中，渔夫的妻子桑娜坐在火炉旁补一张破帆时，作者对以她为中心的家庭和窗外的大海等做了细致的刻画："屋外寒风呼啸，汹涌澎湃的海浪拍击着海岸，溅起一阵阵浪花。海上正起着风暴，外面又黑又冷，这间渔家的小屋里却温暖而舒适。地扫得干干净净，炉子里的火还没有熄，食具在搁板上闪闪发亮……"这里的环境描写所表达的首先是桑娜勤劳、安贫的品格。

二、文学作品中的环境时常预示着情节的未来走向，代表着人物的命运前景

人物和他生活的环境关联密切，作者刻画的环境是为人物的命运服务的——这里的命运不单单是生死这样的极端命运，也有人物的心情、情绪等思想意识的状态。在孙犁的《芦花荡》一文中，作者在第一段中说："到这样的深夜，

第13课 感受环境描写的重要性

苇塘里才有水鸟飞动和唱歌的声音,白天它们是紧紧藏到窝里躲避炮火去了。"这样的话语体现出当时斗争环境的残酷,生存其间的人的命运可想而知,注定是异常危险的。

当然,环境描写也有对社会(人文)环境的刻画。比如,毕飞宇在分析蒲松龄的《促织》一文时,对文章的开头"宣德间,宫中尚促织之戏,岁征民间",有着十分精彩的点评。他认为,作者一起手就是一个大全景:大明王朝的皇宫之中,崇尚促织之戏。而"岁征民间"则把小说从"天上"拽回到了人间。的确,这样的开篇决定了文中人物悲惨的命运,没有这样的人文环境,人们不会生活得那样苦。

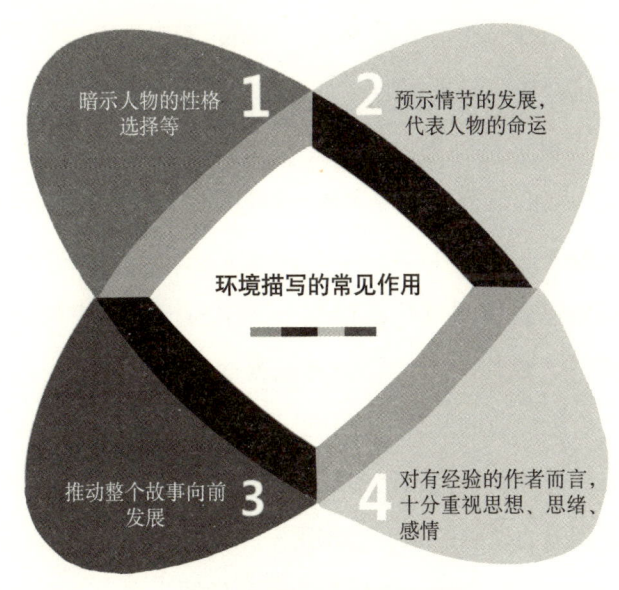

1. 暗示人物的性格选择等
2. 预示情节的发展,代表人物的命运
3. 推动整个故事向前发展
4. 对有经验的作者而言,十分重视思想、思绪、感情

环境描写的常见作用

环境描写在文章中的作用、效果

三、环境描写对推动故事的整体发展具有很强的普适效果

当我们跟人聊天时,在一个话题告一段落,而另一个话题尚未出现之际,我们经常四目对视,眼中露出笑意,说:"今天的天气真不错哈。"听话的人会意,常常附和一番,也说:"是啊!天气确实很好,难得的好天气。"两人在两个话题之间聊几句关于环境的话,这种看似废话的日常对话并非没有意义。不同的语境下,它的意义甚至是很不同的。有时是打破聊天时的尴尬,以较为得体的方式结束一个话题,而很快又进入一个新的话题;有时是谈话愉快而自然延伸出的一种过渡,从而为另一个话题的出现做一种短暂的停留。这都是容易理解的。而在文章和小说当中,环境描写的这一作用也得到充分的发挥,或推动旧话题的延伸、跳跃,或为新的情节的出现实现一种过渡。总之是在推动情节向前发展。

在鲁迅先生的《孔乙己》一文中写道:"中秋过后,秋风是一天凉比一天。"作者用很简洁的一句话交代了环境,对后续情节的展开——孔乙己再次光临咸亨酒店做了铺垫,或者说推动了孔乙己的故事继续向前发展。当然,这句话还有我上面说到的第二个作用——暗示人物的命运,而孔乙己在故事中的命运须以后续的情节发展来展示,所以这句

第13课 感受环境描写的重要性

对环境的交代是在推动情节向前发展。在许多文章、小说当中，两段情节之间不是直接衔接的，不是一种简单的因果关系，而是作者安排的一种延续关系。然而在两段情节之间要想有一个好的衔接，时常需要用环境描写来过渡，这种过渡性的描写，对整体情节的衔接起到了很好的作用。

总的来说，作为一名读者，我们必须意识到一个根本的要点：文章、作品中的环境描写，主要是为人物角色服务的。当然，不排除有些环境描写是出于对故事发生背景的交代，以让读者清楚知道当时的整体环境。

第 14 课

阅读理解中的"深层含义"

我们读文章、读故事、读小说,读各种各样的材料,也许每个人的目的是不一样的。有的人为学习,有的人为消遣,有的人为兴趣,但不管哪一种出发点,从文本中得到意义,其阅读才有价值。尤其是随着年纪的增长,人们不再满足于单纯地阅读情节,这固然是一大看点,然而成熟的读者总是渴望得到故事背后的东西——深刻的寓意、内在的哲理、无穷的意味等,这些东西都可称为深层含义。对深层含

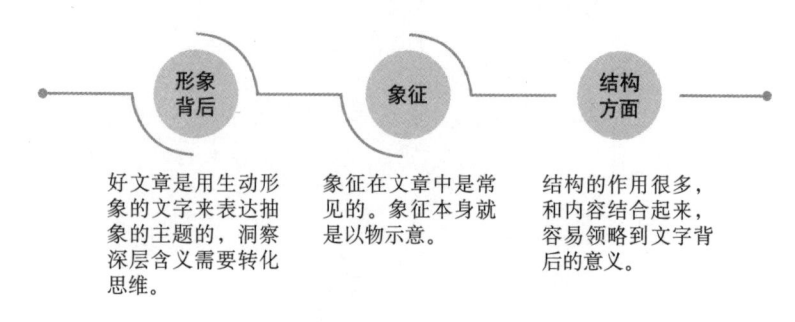

形象背后
好文章是用生动形象的文字来表达抽象的主题的,洞察深层含义需要转化思维。

象征
象征在文章中是常见的。象征本身就是以物示意。

结构方面
结构的作用很多,和内容结合起来,容易领略到文字背后的意义。

体会深层含义才能更好地读懂原文

第14课　阅读理解中的"深层含义"

义的思考、追问和探寻，是我们摆脱浅阅读、摆脱消遣性读书的一种更高的追求。

一个故事、一篇文章就像枝繁叶茂的古树一样令人着迷，而小说等大部头作品更像一片森林。大树的枝繁叶茂不是一天造成的，它们是在丰富的养料、阳光、雨水等条件下逐渐生长、逐渐繁殖的结果。我们要探寻其内在的奥秘，必须透过枝枝叶叶，去看到它的虬枝；同时去探究它扎在地下深处的根。

一篇文章、一部作品最大的深层含义是它的主题。即使如《小红帽》这样的童话故事，也蕴含着十分深刻的主题思想。小红帽作为一个还不具备分辨善恶意识的小女孩，大灰狼在她的眼中也没有邪恶的一面，她甚至会平静地和它交谈，浑然不觉它心中渴望吃掉她和奶奶的恶意。然而故事的情节是作者安排的，猎人的及时出现不仅令大灰狼的企图最终化作泡影，还让它丧失了生命。作者的用意是深远的，富含启示、意味和智慧。家长会用这个故事来教育孩子：绝不能跟陌生人说话，并在他成长的过程中反复叮咛，促使他逐渐形成辨别的意识和能力。在这样的阅读过程中，我们不仅得到许多启示，还能明白如何以善制恶，从而保护自己的安全。

一篇散文常常寄寓着作者的某种思想感情，体现出特定的主题。朱自清的《背影》给人留下父子情深的感触；杨绛的《老王》一文,通过对老王的日常生活的叙述,表达出一个普通劳动者待人忠厚、任劳任怨、舍己为人的思想品格,体现出作者对普通劳动者的充分关注、同情和敬佩。不管是《背影》还是《老王》,我们能在文章的字里行间感受到作者独特的思想感情,并深入文本创造的语境当中,深深体味到和作者一样的思想感情——即使有时我们在概括这种感情时不能脱口而出。

任何文章,不一定是优秀的义章、传世的佳作,在文字的背后都有作者赋予的内在含义,这是文本本身特有的属性。即使作者的手段不甚高明,作品的内在含义也是可以被分析者分析出来的。一个初学写作的儿童,当他写到"我们蹦着、跳着"时,我们就能看出他内心的快乐,而"快乐"便是他们蹦着、跳着的内在含义;当一个作者写到自己泪流满面、潸然泪下时,我们能体会到作者的悲伤、无助、无力等精神状态,而这也是文字的内在含义。

充分理解作者的行文技巧、表现方式等,有助于我们读懂文字背后作者的思想感情。在常见的技巧方面,有几个较为特殊的手法是值得我们高度重视的。

第14课 阅读理解中的"深层含义"

一、形象化表达背后的抽象内涵

青少年写作当然也应在文学的范畴之内,我们每天所学的"语文",其中的"语"是语言,"文"便是文学。不论是文言文、古诗词还是各种白话文章,其实都在文学范围内。如果我们留意语文书的目录,你会发现,书中的作者不论中外、不论古今,大部分都有一个共同的身份——作家。鲁迅、老舍、萧红、托尔斯泰以及中国古代的诗人们都是作家,他们一生的主要成就是他们所创作的文学作品。

在文学的范畴内,主要的语言表达都是形象化的表达,抽象的东西到了文学家手中,都会以形象的语言写出来。但作为读者,我们须读懂其背后的抽象内涵。海明威的《老人与海》写的是一个形象而生动的故事,一个老人坚持出海80多天,在长久一无所获的情况下依然坚持,最后终于带回一条大鱼——只不过在和它搏斗的过程中,这条大鱼最终成了一堆鱼骨。然而在这形象的故事背后,老人圣地亚哥不能被打败的硬汉精神却深入人心。如果海明威不是一个作家,不具备创作故事的才华,那么这样的故事便只能以抽象的语言讲述出来。

所以,当我们在读文学作品时,我们的收获来自形象化写作背后的东西,也就是我们在字里行间读到的抽象内涵。所以,我们在阅读时需要进行一番思维的转化,海明威不肯直接告诉读者：我们要坚强地面对人生，虽然他说了"一个人可以被打倒，但不能被打败"这样的话，但这也是非常形象的话，不是抽象的语言。同时，更主要的是，他会把写作的内涵体现在老人出海的整个故事当中，融入作品人物的心理和行为（即情节）当中，从而创造出令人沉思的主题和意义。

二、象征

好的文学作品，自然伴随着好的写作手法。作者在写作时未必是首先想到作品中的故事、句子、段落的内在含义再动笔的，作者会在整体构思的基础上，施展文学的"魔法"，有意无意地把很多东西融入故事中。而其中几种常见的手法是值得我们认识和学习的，这就是象征、隐喻、暗示等，它们对我们领略全文、整个故事有非凡的价值。

象征是以物示意，隐喻是以一事物暗喻另一事物，暗示是含蓄而不明说，需要读者的参悟。作者使用这些手法，既有含蓄行文的考量，也有不便直说的考虑。过于直白的东西，其分量会显得轻薄，难以给读者"言有尽意无穷"的韵味。一块手表可以成为时间的象征，一颗红豆可以作为友谊的象征，一棵白杨可以成为北方农民挺拔不屈的精神象征，

第14课 阅读理解中的"深层含义"

一棵松柏矗立在严冬中可以成为精神不倒的象征——时间、友谊、精神都是抽象的东西,直接刻画它们会让文章浅白无深度。

三、结构中的深层含义

读懂文章的一大关键,是摸清各种结构范式的作用。当你明白一种结构手法的基本作用时,便能结合具体内容找出其内在的含义。这意味着,结构中的深层含义须联系到具体的内容才可以。比如,作者写一条题记时有什么深层次的思考?题记是非常简单的一种结构手法,它出现在文章的正文之前,其作用常常是引发读者的思考。它不仅可以创设情境,给读者强烈的代入感,还能让读者明白文章何以缘起。然而,有时它因为和正文内容高度呼应,唯有当我们读过全文,才能知道题记在暗示什么。

再者,承上启下的过渡句子。有些段落之间说的不是同一话题,就像运动员在弯道出现的急速转弯一样,这时需要一个平缓一点的直道,对文章而言就是让段落之间很好地连接。倘若不这样做,一篇文章便不像一个完整的整体,而是两段、多段不同的内容拼合,给人的感觉是割裂的。意识到某个句子有承上启下的作用,对你理解上下文之间的转换，具有很强的阅读价值。你会知道作者的思路在这里发生了"弯道超车"，他转到了另一个话题上，或者对原有话题进行纵向延伸，而在过渡时作者的思想也时常随之进入另一重境界。

铺垫性文字也是如此，是作者在结构上的一种考量，往往能让作者在后文中更好地发力。文章的线索、伏笔和照应等都是常见的结构手法，我们在阅读时，随着阅读经验的增加，我们会对这些典型的结构标志一目了然，能够更轻松地读懂作者的用意。

第 15 课
学会调动阅读过的作品

写的过程，无非是思维的聚合和语言的组织过程。不管哪个环节，都涉及我们对知识和经验的调动问题。有的同学习惯一上来便引用名人名言，所谓的"×××曾说：……"，一旦习惯了这样的开篇，就形成了一种惯性意识，每次写作文不这样开篇便觉得难受不已。这样的句式固然是对知识和经验的调动，但这是一种最简便的、最初级的调动。在一篇原创的文章当中，如果这样的知识调动过于频繁，而缺少自己的理解和演绎，我们很容易认定：这个人有知识，但没学识。所以，真正的调动不是简单地照搬，而是创造性的活学活用。以往的各种积累，唯有化作我们对本文主题的认识，组织出富有新意的语言、富有深意的道理等，才算是真正的调动知识。

一、最浅表的知识调动——引用

引用是最基础的、最浅表的一种知识资源调动。时至今日，许多青少年还把日常的诵读内容当作潜在的直接调动的储备资源。这在同学们的作文当中很常见，似乎是不必教便可熟练运用的一种。所谓"古人云""有人曾说""××曾经说过"等句式，就是在直接调用知识资源。这种方式固然是一种浅表的运用，但有时是必要的，可以化繁为简，让我们不必反复陈述、辨析，一旦引用，其效果是明显的。即使是大作家，在他们的文章当中也是不能避免这一点的。当然，有时他们也采用另一种引用方式，是比较间接的一种方

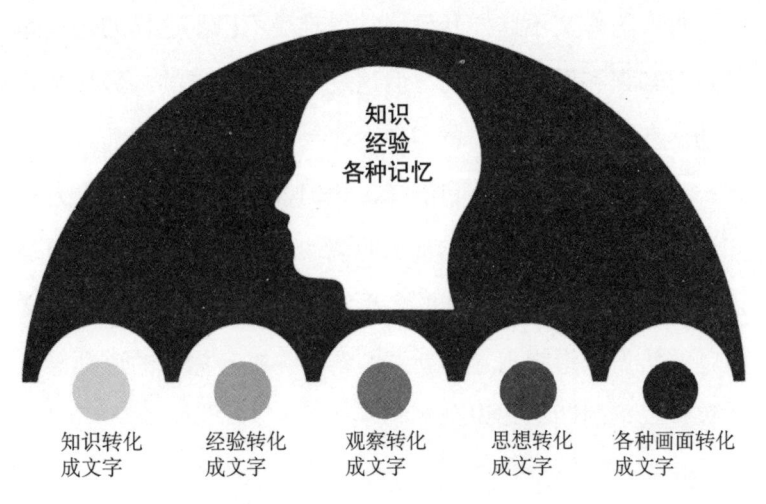

从阅读经验到写作才能，其关键在于上述各种转化

式，就是不用加双引号而转述它们，比如"在有的人看来，这个世界的人们都在追求各种各样的成功"，这里的"在有的人看来"的意见，便是一种间接转述。比如在《天空为什么是蓝的》一文中，作者有这样的话："有些人认为，天空是蓝的，因为大海映照着天空。也有一些人认为，它充满了飘浮在空气中的微小的蓝色粒子。两千多年前古希腊哲学家亚里士多德猜想，只有在光中才有颜色，而黑暗则是无色的。"这里，作者的引用便是间接的，少了诸多引号的干扰。几处引用的观点自然地出现在读者眼前，为作者的剖析做了铺垫。

二、进一步的知识调动——化用

化用的范围很广，既有对意象的化用，也有对语言的化用。化用是古往今来文人们常用的一种手段，好的化用当然不是"抄袭"，即使有时看起来很像。比如古代伟大的诗人王勃，其最有名的诗句："落霞与孤鹜齐飞，秋水共长天一色。"其实也是化用的结果，他化用的是庾信的句子："落花与芝盖齐飞，杨柳共春旗一色。"在今天的人们看起来，这样的化用实在明显，但这丝毫没有影响王勃的诗句流传千古。

鲁迅先生在《秋夜》一文中的开头："在我的后园，可以看见墙外有两株树，一株是枣树，还有一株也是枣树。"萧红在《呼兰河传》的一章当中写道："我家是荒凉的。一进大门，靠着大门洞子的东壁是三间破房子，靠着大门洞子的西壁仍是三间破房子。"贾平凹在《一位作家》一文开篇说："东边的高楼是十三层，西边的高楼也是十三层，南边是条死胡同，北边又是高楼，还是十三层。"在上面的句子当中，我们似乎能看到一些相似的东西，鲁迅先生的某种寂寞而孤寂的无聊，萧红心中的张家那样的荒凉，贾平凹笔下作家生活环境的逼仄，其实都给人一种无形的压力和压抑感。他们对句子的处理似乎有某种异曲同工之妙。

胡适先生在《我的母亲》一文当中，有这样的句子："大嫂一个最无能而最不懂事的人""我母亲的气量大，性子好""如果我学得了一丝一毫的好脾气，如果我学得了一点点待人接物的和气，如果我能宽恕人、体谅人——我都得感谢我的慈母"。而老舍先生在《我的母亲》一文中，有这样的句子："姑母时常闹脾气""可是，母亲并不软弱""生命是母亲给我的。我之能长大成人，是母亲的血汗灌养的。我之能成为一个不十分坏的人，是母亲感化的。我的性格、习惯，是母亲传给的"。

我们不能说著名作家之间也有这样清晰的化用，但他们对各自母亲的爱和感知，确实惊人的相似。也许我们只能说：当你深切而诚挚地体味某种思想感情的时候，这种体味的结果可能走上某种相似的道路，甚至在表达上也会有某种一致性。

三、围绕全文主题对知识进行思想上的运用

当我们写一个人时，我们要知道，写出这个人的性格特点是关键，写出发生在他身上的不同寻常的事件是关键。比如，当我们写一篇情感真挚、讴歌父爱的文章时，许多读过的文章如朱自清的《背影》一文，会自然地跳出来。我们在动笔之前，脑海中会先翻腾出朱自清的父亲因肥胖而笨拙的姿势，以刺激我们的神经去想象如何写我们自己的父亲。其实，这也是良性的知识调动。但如何落笔却因人而异。一个笨拙的作者会模拟朱自清的父亲蹒跚走路的样态，于是他的父亲走起路便也蹒跚起来；甚至他一贯颐指气使的父亲也给人以无力掌控儿子未来的黯然之感，这是非常不合时宜的。

有同学在写游记的时候，不能不提及刚一下车初见景致美好时的怦然心动，于是小学六年级的那句"我与微风撞了个满怀"便不假思索地被"调动"过来。这样的知识调动就不是良性的——所有直接照搬、照抄不仅在道德上不妥，

在写作技巧上更是不值效仿的。当你阅读一位名家的文章时，其学习和转化的关键是，充分体会其在写作时的手法，而非直接照搬。所以我们应该理解：朱自清是在对父亲送别时的真实观察后才写出父亲的一连串动作；"山中访友"的李汉荣是真切感受到清爽的微风，才得出"刚出门，便与微风撞了个满怀，风中含着露水和栀子花的气息"，他把迎面而来的清爽的风，以及因嗅觉而得来的滋味真实写出而已。

如果你有过上面的体验，当你面对一道陌生的作文题时，你在动笔前想起读过的系列文章，你很想写得和他们一样好，在百般不得的情况下，你有一种照搬的冲动，此时应该打住！你该做的是另一种真正的迁移。

四、情感迁移，发现素材

我们读文章，体会到作者内在的情感，大部分情感都是我们可以感同身受的。比如严父慈母的深切的爱，这是我们每天都在体会的；比如和父母间发生了一点小矛盾，我们出现了一些小抱怨、小烦恼；比如某次成绩不佳，导致在一段时间里心情不畅。这些我们在读文章的过程中可以体味到的情感，是可以直接迁移到我们心中来的。而受这种情感迁移的影响，那些曾经发生过的故事情节，则是我们可以纳入作文中的素材。这样一来,你读文章的同时就能调用自己的生活经验,进而写出属于自己的文章。

五、有效调动你的知识和经验,将阅读经验转化成写作才华

为什么有人写文章很容易?有的人却要冥思苦想?有不少人会反思一个问题:为什么我读书不少,然而在动笔写作的时候却感觉脑袋空空,写出的文章总是显得很干瘪?这涉及一个重要的问题:如何把你的阅读经验转化成写作才能。

即使如孔子这样的天纵之才,也有"韦编三绝"的故事流传下来,孔子也许在反复的阅读当中加深印象,想来他的某些思想定会受到所读之书的影响。在孔子生活的时代,可读的东西并不多。出版业是一个经年累积而日渐繁荣的行业,2000多年来,人类社会积累了多少好作品?可以说浩如烟海。所以在今天,但凡写出好作品的作家,几乎没有反对读书的,不仅不反对读书,他们绝大部分嗜书如命,不仅自己写,还会常年读。以著名作家海岩来说,他当年的本职是一个管理者,并不写小说,但他喜欢读小说,后来能找到的小说几乎读尽,并且发现许多书如果换作自己来写,也许还

要写得更好一点。这样的想法让他开始了写作的历程,终成一名颇有影响力的作家。那为什么有的人读书不少,却写得不好?难道两者之间不是一个正相关的关系?

我想是的。读和写之间并非存在直接的因果关系,如果你不知道如何将阅读的经验转化成写作的才能,读一百本书和读一本书,对你没有质的影响——唯一的差别是,读一本书知道的信息少,读一百本了解的信息多。然而对有的青少年来说,他读得不多,但因为善于思考,故而收获很大。那么,他的思考当中主要包括什么,导致他的进步更大?

(1)思考全书的故事发展。如果是一部小说,整个故事是由哪些情节联系起来的?一般的读者只对其中最精彩的故事情节发生兴趣,甚至喜欢讲给周围的人听,然而如果要连续讲出全书的故事,则未必能做到,尤其是分析全书的故事何以如此延续?

(2)思考文章或书籍中的人物塑造。作者是如何打磨书中的人物的?作者通过怎样的手段令其笔下的主要人物如此鲜活?该人物有怎样的性格特点?作者从哪些方面让他跃然纸上?其他的次要人物有怎样的作用?

(3)思考文章或全书的结构。这是大部分读者很少思考的问题。读者对故事有着特殊的,然而又是一种共性的心理需求。读小说意味着想读到一个好故事,读历史希望得到一些精彩的意见以及精彩的故事,读散文希望读到作者的心

第15课　学会调动阅读过的作品

路历程。然而，满足于故事的读者，如果不思考全书的结构，那么对自己写作上的帮助价值就不大。《骆驼祥子》当中，老舍先生安排祥子的人生是在三起三落之中完成的；在《儒林外史》当中，一个个人物是以内在的线索贯穿而成的，他们就像糖葫芦上的一颗颗山楂一样；在《复活》这篇古典小说当中，三个地点的变化加上时间的一路向前，推动整个故事向前发展，结构单线发展；在张炜的《古船》当中，我们何以体会到如起伏变化的音乐一样的轮回之感？这自然也是作者独特的写作结构带来的阅读效果。严格地说，文章、小说有各自的内在结构，很难说有两个完全一样的结构存在。不同作者的内在思路——反映到作品的结构上，往往是因人而异的，而这是值得我们反复思考和借鉴的。

在青少年的日常习作当中，目前的教学更多将结构停留在"总分总"这样大而化之的层面，难以深入更细微的层面，造成我们较少思考文章和大部头作品的内在结构问题，这对我们在写作上的提升是十分不利的。为了熟悉全文、全书的结构，我们可以在阅读过后，以游戏的方式来拆解全文、全书的结构，把它们重新组装一番。这样你便容易知道：作者是怎样开篇的？主要人物是如何出场的？主要人物遭遇了怎样的人生困境？他是如何解决问题的？作者在何时刻画人物的心理？换一种刻画的方式可以吗？为什么作者选择这样的结尾？这对主人公的成长有什么帮助？对作品的意义有什么特殊的考虑？等等。

在考虑结构问题的同时，思考文中或书中的内容，这样就等于对全文或全书的形式和内容做了深刻的探究。假以时日，你便会知道一篇好的文章是如何写出来的，某个作者在写文章、创作小说时是如何通盘考虑问题的。这种思维也可称为"复盘"思维——通过你自己的通盘梳理，来完成对整篇文章、整部作品的深层次思考。

这样做，你的收获自然更大，你阅读的经验才能逐步转化成你的写作思维。

第 16 课
模仿是写作的必经之路

在谈创新之前,我们首先要谈一谈模仿。人们普遍认为:所谓创新,不过是在模仿的基础上进行的一种改进而已。激进的模仿派甚至说:"世界上根本没有什么创新,都是模仿而已。"我们且不论这样的说法是对的还是错的,我想,这些话语至少说明一点,要想实现创新、达到对固有状态的一种完善和超越,我们都难以绕过模仿这件事。

我经常说:对青少年写作而言,模仿须尽早开始,但要尽快地过去。可见,我对模仿是持赞同态度的,何以如此?因为模仿常常是思考的基础,我们想要做一点有创意的举动,决不能凭空而起,须有所依凭才行。这种思考的基础,不管是你脑海中的思考推演,还是对某种业已存在的东西进行完善,都似乎在证明一点:想创新,首先需模仿,才能实现超越。

但我的标题是"有效模仿",这意味着模仿和照搬不能画等号。我在批改作文的过程中发现，有不少青少年喜欢直接照搬，更有甚者居然连课本中的文章都直接照搬。一次，一名学生写自己家乡的青山，连带写了一条小溪的样子，他写道："家乡的小溪……随着山势，溪流时而宽，时而窄，时而缓，时而急，溪声也时时变换调子……"令我看见作者仿佛去了一趟浙江金华的双龙洞。这样是不行的，不仅不被道德所允许，更是写文章的大忌。可以模仿的是叶圣陶先生对小溪的观察，模仿他刻画小溪的句式，但作者家乡的小溪和叶圣陶先生笔下的绝不可能是一样的。

我想提醒青少年的是，在写作过程中，最常见的是可以模仿文章的结构。结构的许多手法，如题记、悬念、伏笔、照应、过渡、卒章显志、线索等都是文章所固有的手法，不是哪个作家独有的。所以当一名作家的题记写得非常好，我们读过后能对理解全文的内容产生某种启示时，我们可以模仿他的手法，也酝酿一条和自己的文章内容息息相关的题记，甚至更精彩；当我们领略到作者在文中使用了某个道具，造成了一种伏笔、照应的效果时，我们可以在自己的文章中模仿这种手法，也令某一个物件达到这种效果；同样，一个悬念令一个寻常的故事有了看头，我们就要看到悬念的价值，然后在自己的文章当中学会使用。这样的模仿才有意义，才是一种为我所用的思路。

相反，如果我们照搬作者的语言、作者的感受、作者

第16课 模仿是写作的必经之路

的开头和结尾,而不思考他这样的写法如何化用到我们的文章中,如何经过变化成为一种创造性的使用,我们的进步会永远有限,甚至会退步。

如果我们在读了朱自清的《背影》一文后,被他笔下的父亲形象所打动,转而写自己父亲的背影,也把故事设置在火车站,我们是很难写出新意的,弄不好还会令读者发笑。而如果我们懂得思维上的迁移,不去写父亲的背景,而写父亲的一双粗糙的大手,和朱自清先生一样,不去正面刻画父亲的样子,只以他在强劳动中造成的手的粗糙,来写父亲的故事,也许文章将是另一番天地。

有效模仿是与直接照搬式的模仿走相反的道路,沿着一条可以学到作家根本性技巧的方向走,思索其行文的内在

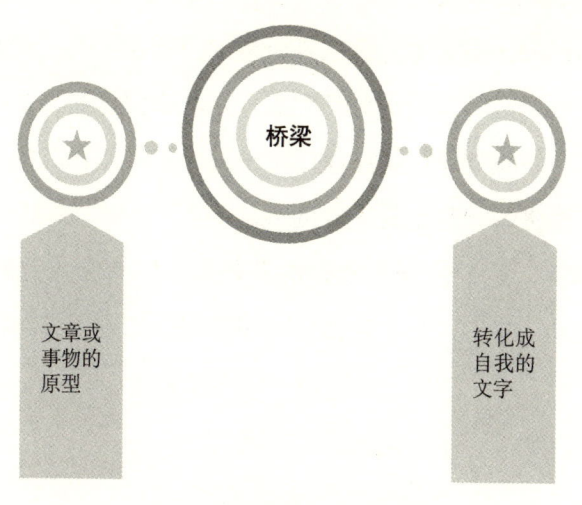

桥梁

文章或事物的原型 → 转化成自我的文字

其实,成功的模仿也是一种迁移

逻辑和主要技巧，对我们的写作才有真正的帮助。我在前面说了，模仿须尽早，但要尽快过去，意思是：模仿有如一根拐杖，在我们不能自如行走的时候，我们需要它的帮助，而当我们学会了走路时，我们便不再需要它。我们要尽早地走自己的路，摆脱对拐杖的依赖。要知道，当你自己学会走路时，你会发现携带拐杖不仅是多余的，而且是一种障碍。写作也是如此，当你步入自如的境界，你首先会本能地排斥他人对你的影响，这种影响如果不能顺利摆脱，他甚至会像阴影一样令人不快。

某种意义上，有效模仿是一种"成功的迁移"，当你读到一篇触动灵魂的文章后，你不由自主地想动笔写点故事，原文中的某些手法、某个句子、某种氛围等极大地感染了你，于是促成了你在这种手法、这个句子、这种氛围中去创造自己的一番天地。这就是所谓的"触动"吧。然而这种受触动而写成的文章，究其起点，是从你读过的文章中的局部手法、特殊句子、特别氛围中来的，它促使你"模仿"出新的文章来，我想也是一种创造。

其实，我们的许多所谓的"创造"，都是在这样的种种"触动"中完成的，从而走向了新意，实现了超越。

第17课
三种方式跳出模仿

创新是写作永恒的内在要求。对一个有追求的作者来说,他永远不满足于局限在一种既成的写作模式中,而希望突破自我,在每一篇文章、每一部作品中有创新的举措。

和其他领域的创新一样,写作方面的创新是无处不在的。文章的开头、中间、过渡和结尾的创新——结构创新,

1. 视角上的另辟蹊径,可帮你不走寻常路。

2. 结构上的创新是可学的。同样一个故事,不同的讲述,往往就在结构上形成新意。

3. 文体创新。对作家而言是一种复杂而大胆的尝试;对青少年而言,回避常规文体,就容易脱颖而出。

4. 其他各种创新的思路。

创新的方式不少,先从可学的做起

包括各种结构手法的巧妙运用,如穿插使用的结构手法;作者在语言方面的创新尝试,对想象空间中的完美塑造等,都在写作创新的范畴之内。

创新是否依赖于作者的灵机一动,而没有方法上的路径?我想,方法上的创新是存在的,是可以习得的一种思路。我们在写作上要想有所创新,首先可以围绕文章的几大要素及它们在文章中的地位来尝试创新。

(1)另辟蹊径的视角创新,让文章更有新意。古人说"横看成岭侧成峰,远近高低各不同",说的就是不同的视角下,一座山给人的感觉不一样。对记叙文而言,绝不是简单地记录日常生活。

当我们面对一个宏大的命题时,不妨另辟一个小的视角,以某个具体的故事来诠释主题,如《怀念》,这是一个很大的命题,写的是人的一种常见的、常规的思绪和感情。如果我们只谈对怀念本身的理解,容易写得抽象,干巴巴的,或者容易陷入一种泛泛而谈当中。

如果我们把怀念的对象具体化,写出对一个人、一个物件的怀念之情,就容易化解成一个具体的话题,变成对一个人、一个物件的怀念。比如,以"阅读"为话题来写文章,如果我们目光局限在读书本身,固然是可以的,但如果换一个视角,把"阅读一座山""阅读一个人"当作话题,就容易写出新意。

第17课 三种方式跳出模仿

2017年天津市的高考作文题是《重读长辈这部书》，如果我们把自己局限在所有长辈的层面，不容易写好这篇文章；如果我们具体到父辈或某一个值得尊敬的长辈，从而在思想层面扩大到对所有长辈的"重读"，这样不仅写作角度新颖，而且写起来很轻松。

别人常写的，我偏不那样写，创新有时需要一种"固执"的精神。当我读到一名学生的文章《说狗》时，原以为作者会写活泼有趣的宠物狗的一面，然而作者写的却是"没想到，有一天它竟会离我而去"，作者以心爱的宠物狗不幸离世造成的悲伤情绪为全文脉络，专写自我的感受，侧面写出小狗的忠诚和可爱，以至于有人提到养狗的事情，作者会连连摆手，因为难以忍受狗离开自己的情形。这样的角度出自作者的真情实感，给人的印象十分深刻。

（2）结构创新。结构创新是写作当中最容易出现"新花样"的地方。想一想，为什么同一个题目，全班几十个同学写的各不相同？为什么同样一篇《童年趣事》，你在小学四年级所写的文章和初中二年级所写的不一样，即使你使用了同一个故事做素材？其中一个重要的原因就是结构不一样。结构是文章的形式、"外衣"，同样一个人（内容），星期五穿戴整齐去上班，到了星期六却趿拉着拖鞋到街上买东西，给人的观感是不一样的。平时工作需要整洁的装束，而周末时人人渴望更舒适、更不被束缚的装束。写作也是如此，装扮了不同的"外衣"（形式），那么最终文章的效果也大不一样。

A.除了相对常见的悬念、伏笔和照应等小技巧之外，我们不能小看倒叙。倒叙固然不是必需的，但对一件事的叙述而言，良好的倒叙可以让一个事件的叙述有起伏，打破了大多数人的平铺直叙。

B.换一种方式写同一个命题，用同一则素材。你有过这样的尝试吗？用同一条素材写同一个题目时，要强迫自己从全新的结构去写作。比如记一段偶遇，你在放学路上遇见一个讨饭的人，当他伸出手来……根据这个情景写两篇完全不同的文章，你将如何运用新的结构去写？提醒青少年，一篇文章的起点可以有N种，你可以从任何地方写起。以上面的场景为例，你可以直叙放学了，走在路上发现了一个乞丐；可以写忽然一个乞丐闯到你跟前，吓你一跳，再叙述放学的情景；也可以从你口袋里的二十元钱写起，那是你准备用来犒劳自己的，然而遇见了一个可怜的乞丐，你的想法发生了变化；等等。

（3）选择不同的文体，造成一种出其不意的效果，往往屡试不爽。即使同一个故事，你采用正统记叙文（充分交代六要素并抒情）来写，和用抒情散文的方式来写，以及用现代诗歌的表现手法来写，效果都是不一样的。如果你读过斯蒂芬·茨威格的《人类的群星闪耀时》，你会发现，作者

第17课 三种方式跳出模仿

同样是写发生在人类历史上伟大瞬间的故事，但在14篇作品当中，作者写陀思妥耶夫斯基的《英雄的瞬间》用了诗歌体，而写托尔斯泰晚年选择的《向上帝逃亡》则用了剧本（话剧）的形式；而其他的历史瞬间，作者主要采用了中短篇小说的方式来展开。诗歌、散文、小说、戏剧作为主要的文学体裁，它们并没有高下之分，虽然在今天，诗歌和散文相对式微，小说是更主流的形式，但我们须承认：不同形式的选择对创作而言结果是不同的。而对青少年来说，选择文体是学习写作时的常见现象，况且大部分的重要考试往往不限定文体，即使限定也往往是诗歌除外。

在选择文体的时候，你一定要牢牢地把握这样的原则：将自己最擅长的文体和题目的要求有机结合起来。如果你不擅长散文，那不妨写日记；如果不擅长记叙文，不妨考虑写议论文，只要符合题目的具体要求就可以。

为了达到创新的效果，你可以在选择文体时走"小众路线"。比如，在2017年的中考当中，一篇采用"话剧（剧本）"文体的文章，便赢得了阅卷者的好感。作者以某朝衙门为写作背景，用拟人的手段将"挫折"拟人化，同时引入其他多种小动物上公堂，以一场"挫折对我们的生活是好还是坏"为内在逻辑，以最终判定"挫折其实是我们生活中的朋友"为逻辑支点，在公堂上塑造了一次虚拟的"审判过程"。这就是富有新意的写作实验。别说在考场环境中，即使在青少年学习写作的过程当中，写剧本的情况都非常罕见。而作者艺高人胆大，居然在中考的考场上独辟蹊径，势必令阅卷者刮目相看。其选择本身就已经赢得了某种巨大的优势。

当阅卷老师看到一种新颖的写作方式时，对具有创新思维的学生，他会出于欣赏而自然地降低对文章的要求——这不是讨巧，而是创新带给作者的"特殊红利"。

有人说在文章前增加题记，或在结束后增加后记，同时在文中采用小标题的方式，就是结构上的一种创新。要我说，放在20年前也许算创新，但在今天如果把创新定义在这个层次上，还不如老老实实写一篇没有上述"新意"的文章。要知道，这种异常简单的做法，已经普遍被青少年采用，这岂能算是创新？只能算作一种蹩脚的跟风。所以，在创新方面，我的意见是：不能为了创新而创新，全文创新有时非常艰难，那就不如老老实实写文章更好。

第18课
虚构锻炼原创能力

虚构是青少年写作的一个重要类别，想象作文是凭借虚构而成的。青少年在写想象作文时常见的写作细分类型有：原创寓言童话类、改编寓言故事类、假想类以及20年后回故乡之类。青少年较少接触的虚构类型是小说、小小说。

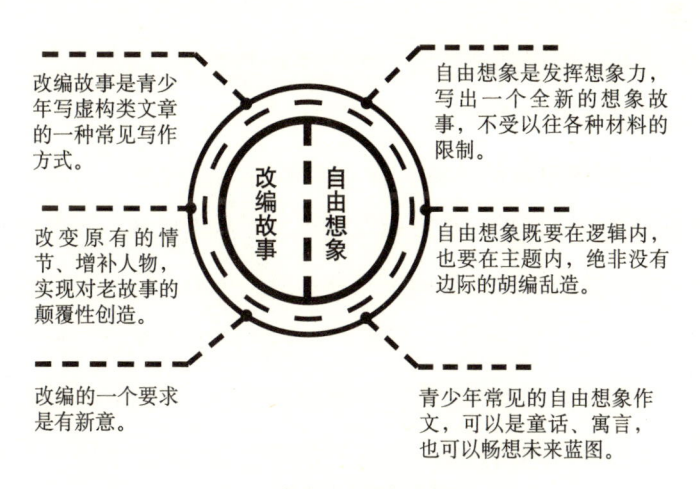

- 改编故事是青少年写虚构类文章的一种常见写作方式。
- 改变原有的情节、增补人物，实现对老故事的颠覆性创造。
- 改编的一个要求是有新意。
- 自由想象是发挥想象力，写出一个全新的想象故事，不受以往各种材料的限制。
- 自由想象既要在逻辑内，也要在主题内，绝非没有边际的胡编乱造。
- 青少年常见的自由想象作文，可以是童话、寓言，也可以畅想未来蓝图。

想象作文的常见方式

一、改编一个故事

故事本身是存在的、是熟悉的，比如最常见的《龟兔赛跑》的故事，我们都知道其中的两个主要角色，知道故事的结局——白兔因骄傲而失败，乌龟因坚持而成功。改编一个故事，是变更原故事的情节，从而改变原文的主题，创造性地完成一个新的故事写作。

我觉得改编一个故事，要让新故事和老故事看起来完全是两个故事。老故事能被借鉴的内容，即使不少，也只能成为新故事的一种铺垫。老故事原有的核心情节须改变，故事的结局须改变，整个故事线不再是原来的，而是全新的。但在老故事当中，我认为最有价值的地方在于角色之间的关系，以及导致他们不同命运的某些核心事件。在《龟兔赛跑》当中，两者的地位因一场比赛发生改变，两者在人们心中的形象也发生逆转。

A.颠覆原有的认知，改变主要角色间的地位，建立一种新的关系。比如，乌龟和白兔再展开一次比赛，白兔吸取了上次的教训，终于挽回了尊严。对白兔而言，这是一场尊严之战。对乌龟而言，它的二次比赛只是"帮助"和"配合"白兔挽回了尊严。在这样的结局当中，白兔和乌龟重新回到人们原有的认知中。但这样的写法是对老故事的一种颠覆，这种改编是一种较为稚嫩的改编，初学作文的低年级小

第18课 虚构锻炼原创能力

学生是可以这样做的,从而认识到如何改编老故事。

B.在旧的故事情节和人物关系基础上,大胆嫁接新的情节,必要时可引入新的角色。旧的故事常常是人所共知的,就像上面的《龟兔赛跑》,这是连小孩子都知道的老故事,说它老掉牙也不算夸张,虽然其内含的深意始终能提醒人们。但如果能在这个基础上进行二次加工,不变更旧的情节,而是大胆想象新的情节,从而创造性地完成一种转化,那么这种虚构就是有效的。比如在一篇考场作文当中,作者开篇便是延续上面这个老故事,一两句便把读者带入老故事当中,然后立刻开始全新的嫁接。他说,自从龟兔赛跑这件事之后,乌龟便成了动物村里的"红人"(和现实生活中的"网红"一样),它们的故事也因经典而被人津津乐道。这个老故事影响了村中的一只小乌龟(创造的新角色),它有心重演老一辈(乌龟)的壮举(其实是兔子疏忽大意造成),成就自己的"红人"之路。于是开始了为期两年的自我训练,尽管这种训练是异常艰苦的,但认定理想的它常年坚持了下来。两年后它准备得比较充分了——读者会以为它注定要创造奇迹——然而一场比赛下来,当它"跑"到终点的时候,太阳都已经下山,兔子早已回家吃晚饭去了。乌龟的失望可想而知,两年的辛苦化作流水一样;他的伤心不难想象,一度的壮志化作了泡影。所以,他痛苦地朝着家的方向爬去,慢慢消化着自己的苦闷。可就在这时,它忽然遇见一只年迈的乌龟，背着自己的小儿子急匆匆地赶路。原来，老龟的儿子病了，它们正步履艰难地赶往医院。此时，小乌龟失败的沮丧感顿时没了，它立即伸出援手，背起小小龟便急速朝医院跑去——小小龟因抢救及时而恢复了健康，小龟得到了老龟由衷的感谢。从这件事中，小龟看到了自己的价值，虽然它一鸣惊人、崭露头角成"红人"的希望彻底落空，但两年多的苦训还是造就了它特殊的本领——它的速度虽不及兔子，却在整个乌龟群体中堪称第一，于是它的生命有了新的价值，成了村里的一名快递员，在这个岗位上体现自己的价值。

这是一篇很有趣的文章，作者大胆创设新情节的举动非常成功。在这样的改编当中，我们的思考应以情节为主。有了新的情节，故事的过程就容易展开和叙述了。

二、原创童话和寓言

在读了很多童话故事、寓言故事之后，青少年对这种类型的虚构是不陌生的，对故事中的元素往往有较为清晰的认识。采用拟人手法，自主安排角色，大胆想象情节，深度聚焦主题，便有了原创童话故事、寓言故事的条件。我们要注意的是，童话和寓言更多、更主要考虑的是主题和情节，

第18课　虚构锻炼原创能力

其中所安排的人物往往具有替代性。

从青少年写作童话和寓言的现状看，主要的问题是流于浅表、写得不深。故事情节过于简单，反映的主题不深刻。也许儿童天生对童话和寓言比较敏感，也许是接触得早、看得多等原因，在实际写作中往往都能写出一点故事来，但精彩的程度却因人而异。童话和寓言是人类最古老的文体，世界上最伟大的寓言之一《伊索寓言》已存在两千年之久，东方古老的神话故事、寓言和童话故事同样众多。到了今天，青少年对寓言故事、童话等的创作，常常处在一种简单的模仿当中，较难实现新的突破。寻求突破的方法，我觉得主要有两条途径：一是塑造特别的人物形象，以此带出"它"的故事；二是巧设情节，展示大胆而丰富的想象力。

当然，写作并非一朝一夕之功，在漫长的人生道路上，如果你喜欢虚构这种方式，喜欢寓言故事、童话故事，坚持写下去，是有可能成为一名"故事圣手"的。

第 19 课

用联想和想象扩张全文

要想写好文章,升华你的情感,丰富全文的内容,非有好的联想和想象不可。对青少年而言,联想和想象有时是遥不可及的,觉得有点虚无缥缈的意味,难以像写眼前的一个人、记一件事那样真切。其实当你掌握联想和想象的方法之后,我相信你几乎会在所有的文章中,忍不住去联想和想象一番。这里主要从谋篇的角度讲一讲联想和想象,以便对

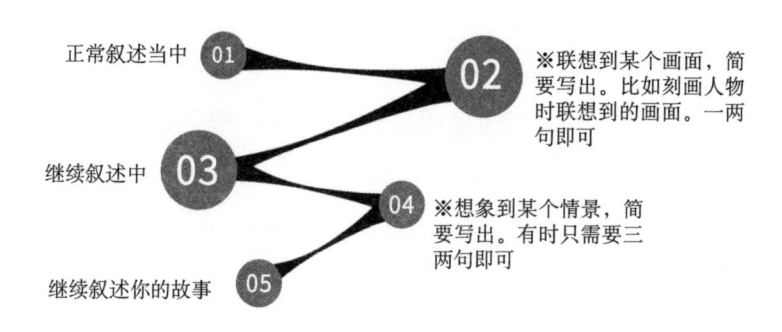

正常叙述当中 01
02 ※联想到某个画面,简要写出。比如刻画人物时联想到的画面。一两句即可

继续叙述中 03
04 ※想象到某个情景,简要写出。有时只需要三两句即可

继续叙述你的故事 05

联想和想象可随时生发,嵌入文章中

第19课 用联想和想象扩张全文

全文的内容进行一种有效的扩张。在下一课中,我将重点讲述"联想和想象"的内容。

一、写文章时关键时刻的联想和想象

在文章写到关键时刻的时候,是进行联想和想象的好时机。许多精彩比喻的出现,其实并非作者刻意而为,而是行文至此,作者的脑海中自然地涌现出联想、想象等。想想看,当你看到眼前的景致,而发出"像……一样"的时候,这不正是联想的结果吗?不少青少年在写作时热衷于生硬地运用比喻等修辞,或者干脆忘记了在行文关键时刻自然地进行联想和想象。

鲁迅先生在著名的《社戏》一文当中,当十来个孩子一起在夜晚摇橹去看社戏时,面对两岸淡黑的起伏的连山,便想到了它们"仿佛是踊跃的铁的兽脊似的,都远远地向船尾跑去了,但我却还以为船慢"。而在回程的水路上,孩子们加紧摇橹,船在水面上激起了更加响亮的声响,作者说:"那航船,就像一条大白鱼背着一群孩子在浪花里蹿。"这样的想象是真实而自然的,读者读了是能感同身受的。我们想一想,鲁迅先生在看社戏的路上和返程的路上,在这样的路途上,去时已经卸下心头重负,大家一起开船上

路,其注意力自然会留意到周围的环境,如群山;而回来的路上,大家急着往回赶,看戏的心情已经被满足,又体会着从没有见过的三更的深夜环境,对周围黑暗的环境中,他们的船在水面上蹿的样子,会自然而然地浮现出一些联想。这就是文章写到某个环节时的一种自然的联想造成的,绝非刻意。

青少年要培养在写作中自然联想和想象的能力,而不是刻意地增加一段联想和想象的内容。这两者有明显的区别。自然的联想和想象,是在原有内容基础上的自然的衔接和发展,刻意写出来的联想和想象,则容易和上文的内容脱节,从而产生一种割裂感,给人的感觉是不真实的,甚至是做作的。

二、细节刻画时的联想和想象

许多联想和想象是在刻画人物细节时出现的。设想一下,当我们留意观察一个人的容貌时,这种外部的信息介入头脑,给人留下客观印象的同时,也容易唤起我们一些固有的记忆,甚至和头脑中的一些形象记忆发生对接,正所谓相似联想就是这个道理。相似的东西"碰撞"在一起,那么就容易产生联想、想象。

第19课　用联想和想象扩张全文

在刻画人物细节时使用联想和想象的文章,我们的语文教科书当中便有。比如,莫泊桑在《福楼拜家的星期天》一文当中,相继给读者呈现了多位在星期天拜访福楼拜的文人墨客,他们是伊万·屠格涅夫、都德、左拉,当然也包括主人福楼拜。作者是如何刻画他们的形象并产生相关的联想或想象的?我们分别看一下。

1.屠格涅夫。作者说福楼拜和他像亲兄弟一样拥抱,两人有一种强烈而深厚的爱。屠格涅夫一来就仰躺在一张沙发上,用一种轻轻的并有点犹豫的声调慢慢地讲着。这里作者对福楼拜有一定的刻画,他说:"福楼拜转动着蓝色的大眼睛盯着朋友这张白皙的脸庞,十分钦佩地听着。当他回答时,他的嗓音特别洪亮,仿佛在他那古高卢斗士式的大胡须下面吹响一把军号。"作者对福楼拜声音的形容是来自自然的联想。

2.都德。"他的头很小却很漂亮,乌木色的卷发从头上一直披到肩上,与卷曲的胡须连成一片;他的眼睛像切开的长缝,眯缝着,却从中射出一道墨一样的黑光。他的眼光有点模糊,讲话的调子有点像歌唱。举止活跃,具有一切南方人的特征。"上述的"像"都是作者的联想,自然而又体现细节。

3.左拉。"左拉中等身材,微微发胖,有一副朴实而很固执的一面。他的头像意大利版画中人物的头颅一样……

很发达的脑门上竖立着很短的头发,直挺挺的鼻子像被人很突然地在那长满浓密胡子的嘴上一刀切断了。黑色的眼睛虽然近视,却透着十分尖锐的探求的目光。"同样,作者的想象也是基于对左拉的细致观察产生的。

其实,我们通过以上莫泊桑在一篇文章当中对几位作家的刻画,可以发现一条规律:当你在刻画人物的细节时,往往伴随着你的联想和想象,从而出现必要的比喻句。这在《音乐巨人贝多芬》一文当中也是如此,当贝多芬出现在客人面前(同时也出现在读者眼前)时,是什么样的?作者写道:"一个身高五英尺左右的人,两肩极宽阔,仿佛要挑起整个生命的重荷及命运的担子。"后文的段落中,作者的"视点"进一步写了贝多芬的表情,有了更细致的刻画,他说:"他的脸上呈现出悲剧,一张含蓄了许多愁苦和力量的脸;火一样蓬勃的头发,盖在他的头上,好像有生以来从未梳过;深邃的眼睛略带晦涩,有一种凝重的不可逼视的光;长而笨重的鼻子下一张紧闭的嘴,衬着略带方形的下颏,整个描绘出坚韧无比的生的意志。"你看,在这样的刻画当中,总是客观刻画和主观联想相交融,两者合一,把贝多芬的形象投射到了读者眼中。

三、联想是从A到B，想象是从0到1

联想和想象的差别是明显的，一个是从有到有，就像从A到B——这是联想；一个则是从无到有，就像从0到1——这是想象。对文章内容的扩充而言，两者的价值是一样的，只是方式不同。在联想的过程中，我们以"实"为前提，比如透过眼前的景色产生联想，或者因眼前的人与事联想到曾经发生的某段故事，这是因实际的景色与人、事而触动、生发的。如果我们的思路局限在眼前，丝毫不发生联想，那么不仅不容易扩充内容，而且很难对文章内涵进行延伸、拓展、升华等。

一个有经验的写作者，在实际的景色和人、事的"实写"过程中，时常以恰当的比喻让文章更精彩，比喻的内容其实就是联想！想想看，比喻是把两个不同的事物因某一点相似而结合在一起的语言手法，比如，鲁迅在《雪》一文当中有这样的句子："朔方的雪花在纷飞之后，却永远如粉、如沙，他们绝不粘连，撒在屋上，地上，枯草上，就是这样。"这个句子里的"如粉、如沙"便是想象而达成的比喻，如果我们删除"却永远如粉、如沙"这几个字，原文的意思会受到影响吗？删除后句子变成了："朔方的雪花在纷飞之后，他们绝不粘连，撒在屋上，地上，枯草上，就是这样。"

其实句子的含义没有受到丝毫的影响，然而增加了作者的想象，纷飞后的朔方雪花给读者的印象更具体、更生动，因为粉和沙在人们的经验中是非常熟悉的事物，是在日常生活中容易见到的事物。这样经过联想后，文章绝不仅仅是增添了语言上的美好，而且丰富了意蕴，让读者对雪有了更形象的认知。这个例子简单易懂，并且在句子的局部造成一种丰富的感受，一句话过后联想便悄然结束，读者会继续阅读其他的实写内容。而在很多文章当中，作者的联想和想象是以创作手法出现的，从而不是在句子的局部，而是在文章的局部甚至是更大的层面形成艺术化的表达，比如老舍先生在《济南的冬天》一文中这样说：

小山整个把济南围了个圈，只有北边缺着点口儿。这一圈山在冬天特别可爱，好像是把济南放在一个小摇篮里，它们全安静不动，低声地说："你们放心吧，这儿准保暖和。"真的，济南的人们在冬天是面上含笑的，他们一看到那些小山，心中便觉得有了着落，有了依靠。他们由天上看到山上便不觉地想起："明天也许就是春天了吧？这样的温暖，今天夜里山草也许就绿起来了吧。"……

老舍先生在这里说的，简直是把一个母亲呵护孩子的那种慈祥，化作了济南的冬天的一种特征。这当然是作者的

第19课　用联想和想象扩张全文

联想和想象,而这样的内容对全文的构成而言,就不是鲁迅先生在《雪》一文中那样在一句话中使用想象、比喻,这种手法对全文的构成形成了较大的影响。想想看,如果删除这份联想,对全文的影响是巨大的!是注定要伤筋动骨的。反过来说,正是恰当的联想、想象等,对构思全文具有很大的价值,而这也是青少年可以学习和借鉴的。

第 20 课
从 A 到 B 的联想

写文章常常运用到联想，当我们面对一处景致、一个美好的物件时，它触及了我们的思绪、引发了我们从眼前的一幕跳跃到其他方面，这种心理上的浮现是可以写入文章中的。联想可以让文章的内容更丰富。

01	02	03	注意事项
我只是伫立凝望，觉得这一条紫藤萝瀑布不只在我眼前，也在我的心上缓缓流过。	流着流着，它带走了这些时一直压在我心头的关于生与死的疑惑，关于疾病的痛处。（暗示联想的方向）	我忽然记起十多年前家门外曾有过一大株紫藤萝……爬的很高，花朵稀落……花和生活腐化有什么必然联系。（从虚到实的过程）	联想不过是由此及彼的过程。沿着一个特定的方向，更能对你的主题做出诠释，令内容与主题高度关联。

《紫藤萝瀑布》（宗璞）中的一段想象

第20课　从 A 到 B 的联想

宗璞的《紫藤萝瀑布》一文，是典型的联想佳作。其中的一句："我只是伫立凝望，觉得这一条紫藤萝瀑布不只在我眼前，也在我的心上缓缓流过。"这句话写出了作者触景而生发联想那一刻的感受，接下去的文字便主要是联想的内容。作者都联想到什么了呢？压在心头的关于生与死的疑惑，关于疾病的痛楚，同时又忽然想起十多年前在家中也有过这样一大株紫藤萝，后来被铲除而改种了果树。作者说："那时的说法是，花和生活腐化有什么必然联系。"有阅读经验的读者便会领略到，作者的联想内容已经触及历史的深处，那一段特殊的岁月。

然而，对一个作者来说，写联想的内容时绝不是简单呈现脑海中的一切。所有诉诸笔端的联想，都必须和写作的主题息息相关。否则，漫无边际的联想、互不交融的联想绝对会让人不知所云。所以，联想是有方向的联想，是围绕主题的联想，是和触发景物高度匹配的联想。因此，我们要对联想的内容进行有意识的控制，绝不能将联想视作脱缰的野马。

联想需要定向，联想是由 A 到 B，A 和 B 之间的关联注定可以反映全文的主题，如果你的联想不受方向上的控制，信马由缰一般，那么就可能有大段文字脱离主题，造成一种尴尬的结果。故而我们在使用联想时要遵守一个法则，叫作"相似相融"的联想法则。这个法则对构筑全文有着很强的意义和价值。这个法则的内涵很简单：唯有相似的东西才能融合在一起，才能共同完成对一篇文章的整体编织。

如果说文章是一块块"拼图"拼接在一起的结果，那么联想这块拼图也需要和其他的拼图相契合才行。

一、联想与事实相关的事实，与情节相关的情节

这是一种相对简单的思维迁移，从眼前的画面联想到与之相似的画面，比如一只小鸟落到了你的窗前，你在日记当中记录了这一刻的情况，小鸟灵动地出现在窗前，机警地看着你，它的声音很动听，仿佛在催你珍惜春天的美好时光。当你目睹它飞走的一刻，你忽然想起某一天曾经有过这样的画面，也许是去年的这个时间，那也是一只可爱的小鸟，你比较了两者的异同，并赞美它们对你的这番提醒。在这样的情景当中，你由眼前的一只小鸟想到了去年来过的一只鸟，这便是从事实到事实的联想。

再比如，在聂华苓的《亲爱的爸爸妈妈》一书当中，作者的作家朋友在塞尔维亚中部城市克拉古耶维茨目睹了当年残忍的纳粹分子制造的人间惨剧，不仅"想起南京大屠杀。南京大屠杀遇难同胞纪念馆也建在当年日军集体屠杀中

国人的地点……"作者的思绪因眼前的情景联想到与之相似的历史事实,这是很自然的联想,每一个有良知的国人都不会忘记这样的历史灾难。

二、睹物思人和触景生情式的联想

人是情感的动物,每一个物件的背后都可能牵出一个人、一段故事,这是常见的睹物思人。比如,当我们见到一支粉笔的时候,我们可能联想到当年老师在黑板前书写、同学们认真听讲的画面——求学时代的各种记忆片段可能因此而涌现出来;当我们见到一块手表时,赠送手表的人和当时的场景便不由自主地出现在我们的眼前。

触景生情更是常见。由眼前的景致而生出某种情愫,是最自然的一种联想。作家穆木天在《雪的回忆》一文的最后一部分,完全将笔触给了联想,作者说:"雨雪霏霏,令我怀忆起我的故乡来。现在,故乡里,还是依然下着大雪吧!……在故乡的大野里,在白雪的围抱中,我看见了到处是死亡,到处是饥饿……我想象不出了,我只是茫然地想象着那种猩红的血,洒在洁白的雪上……"作者的文章在情感上倒回当时的现实,再现自己东北的故乡在"九一八事变"之后沦为日本帝国殖民地的悲惨景象。远离故土的作者,只能透过自己的"想"来表达这种思乡之情,体现出心中无限的酸楚。

三、从具象到抽象的升华式联想

联想的一个妙处是升华,就是不再束缚、局限于当下的实写,而是将文章的意思升华到更高的境界,这对突出作者的思想感情、点出文章的主旨是一种常见的手法。曹操的"对酒当歌,人生几何"的句子便是从具象到抽象,从眼前的高朋满座一道畅饮的景象感叹人生的短暂,这就引发出对生命的思考,而不再局限在具体的场景上,令诗歌的意境有所提升。

从以上几点可以看出,联想是依附于、依赖于情节、景致、实物等展开思绪。从某种意义上说,联想需要一个"定点",就像一个圆需要圆心才能展开半径。所以,联想可以围绕定点进行文字上的"自我繁殖"!只要你锁定这个"定点",不脱离这个定点而表达心中所想,这种内容上的"自我繁殖"就完全可行,当然也就容易实现内容的自我拓展。但对一篇文章而言,必须做到"定向联想",而不能任由思绪漫无边际、漫无目的地翻飞,体现在一篇文章当中的思绪必须有特定的指向、特定的意义和意味。

第21课
想象也需要控制

在人的一生中，青少年阶段的想象力是最丰富的。对一个常年写作的作家而言，想象力是可以保持乃至精进的。希望你也如此。

如果你有志写一篇惊人的想象作文，突出表达丰富的想象力，那就要剔除所有惯常的写实，而把所有的思考投入想象之中，再把心中的图景写出来。你所写的也许是外星人在星际空间的残酷厮杀，也许是穿越回古代介入某次战役而改变了战争的胜负，也许你只是扮演上帝角色而不参战，却让你创造的两个物种、两种人物角色进行某种沟通，都是可以的。这是典型的想象作文的特质。但是，如果在写实作文当中发挥想象，无论记事作文、记人作文还是写景状物作文，这种想象都需要控制在一定的比例范围内，只能作为配角存在，绝不可喧宾夺主。即使"想象"可以让全文熠熠生辉、神采飞扬，也不能成为"主角"。

在纪实性文章中，作者的想象常常可以升华文章的意蕴，延展出更多的意味和意义，但这种升华是一种依附性的存在，是因写人、记事、写景、状物中生成的东西，而非独立性存在。独立性存在的想象对写作而言，就是上面所说的想象作文。独立性的想象作文，因其虚构的特质而有了小说的雏形，有的想象作文本身就是精彩的小说。

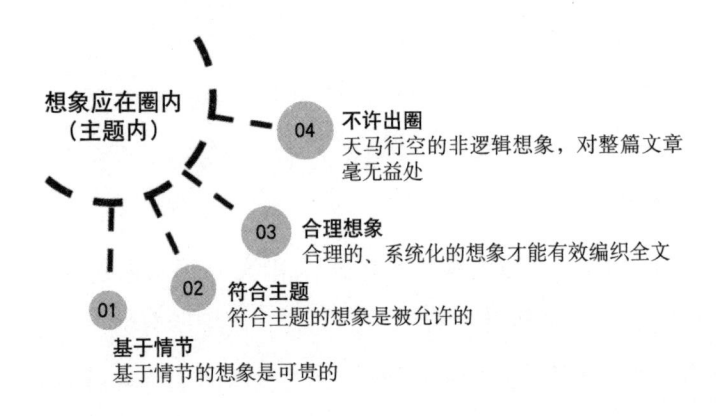

想象应在圈内（主题内）

04 不许出圈
天马行空的非逻辑想象，对整篇文章毫无益处

03 合理想象
合理的、系统化的想象才能有效编织全文

02 符合主题
符合主题的想象是被允许的

01 基于情节
基于情节的想象是可贵的

以上所言，旨在一条——在写实作文当中须控制想象。这是许多青少年所不能认同的一点。据我观察，许多青少年处在想象力丰富的年纪而不能、不愿运用这种能力，所以写想象作文时，只能硬着头皮胡乱遐思、假想一番，拼凑出不像样子的想象作文。其实想象作文本质上无非是通过假名字、拟人等惯常手法写现实生活，和记事作文毫无差别。一言以蔽之，许多青少年对想象作文不很待见，也因此不擅长。然而我却强调要控制想象，为何？

第21课　想象也需要控制

一、对一篇文章而言，想象未必越丰富越好，首先是越系统越好，只有系统的想象才能产生完满的结构

一个人的思绪往往是漫无边际的，遐思往往穿越古今，但这种纷飞的思绪，如果不能很好地控制，有多少可以写入文章中？

丰富的现象内容之间可以没有多少关联，也常常彼此关联不大，难以集中在一篇文章当中。而系统的想象则是有主题、有方向的想象，能被一篇文章直接使用。著名的意识流作家伍尔夫盯着墙上的白点想象，写出了她的第一篇意识流小说，达数千字之多。然而我们不要忘记，她始终保持着一个动作，就是盯着眼前墙上的白点，这意味着所有的想象都是围绕这个白点展开的。如果说这个白点是一个圆心，那么她所有流动的意识都被严格控制在以这个点为圆心的范围之内，否则便难以入文。也许在她丰富的想象过程中，也涌现出了诸多与最终成文无关的内容，但我相信：集中想象是对自我意识的一种控制，一个好的作家是有这种聚焦想象的意识和能力的，绝不会任由自己的思绪漫无边际地浪费宝贵的时间。

二、青少年常写的"假想"类作文注意事项

在写《20年后回故乡》这种假想作文时,青少年可以放飞思绪,首先想到的是自己身份的变化。"我"当然不再是一个学生,当然不需要天天守在教室中和老师、同学、试卷打交道,20年后的"我"早已功成名就。我经常发现青少年假想自己成了著名化学家、物理学家、工程师,从未见过一个青少年假想自己成了农民、工人,原因是似乎不便展开假想的内容。因为在文章当中,学生总喜欢融入一点科技要素,如发明创造了某项科技,实现了0的突破,有了造福社会的可能——这固然是适当的,但也说明青少年的假想有一定的局限。

(1)假想的身份没有发挥作用。我见过太多的同学假想自己成了著名科学家等,而且会在文章的第一段就主动交代,似乎不如此便不足以表达出这是一篇假想的文章。然而,这样的身份在后文中却丝毫没有发挥作用。比如,你成了一名科学家,却不写以科学家的身份发表看法,只是写自己带着一个闪光的身份回到故乡,见到了某些变化。请记住:当你假想了一个身份之后,这个身份在你的文章当中要有用才好。

(2)假想文章的整体构思,是侧重情节的想象,还是侧重人物的想象?一般来说,青少年难以兼顾,所以在构思

第 21 课　想象也需要控制

时便要想好这一点。如果你想在情节上制胜，人物的存在便可以扮演次要的戏份，那么势必需要假想出有趣的、有意义的故事；如果你想在塑造人物上制胜，情节只是服务于你的人物，那么势必需要想好这个人的身份以及发生在他身上的变化，比如你假想的人物在故乡遇见了一个小学同学，那么他此时的身份是什么？20年来他发生了怎样的变化？不管你的文章侧重情节还是侧重人物，对20年来故乡的变化都需要着力刻画一番。家乡的环境、建筑、人文等方面的变化到底有多大？需要的是你的刻画，而不是概述。

我之所以在这里强调要控制想象，考虑的是青少年的想象力比较丰富，在写作时不必把所有的想象都写入文中，毕竟一篇文章的字数是有限的，主题是单一的，容量是有限的。

第22课
形成属于自己的文风

个性化的叙述是青少年在写作中要逐步去追求的一个目标。这种个性叙述有两个方面的理解：一是你形成了自己的文风，这点是非常难的；二是在普遍意义上，每个人都有自己的一套表达方式。上述两点看起来相似，其实有很大不同，姑且看作同一目标的两个阶段吧。同样的一道命题作文，全班的孩子没有两个是一样的，除非一个抄袭了另一个的作文。造成这种普遍性的不同，原因是显而易见的：每个人对同样的题目理解程度不同，选用材料不同，结构安排有异，那么在各自的智力层面形成的文章，其差异就会很明显。但这样的个性，只具有观察学上的意义，对一个具体的作者，比如你而言，个性化叙述只有一个终极目标——形成自己的独特文风。我们先看下面的几段文字表达：

A.东京也无非是这样。上野的樱花烂熳的时节，望去

第22课　形成属于自己的文风

确也像绯红的轻云,但花下也缺不了成群结队的"清国留学生"的速成班,头顶上盘着大辫子,顶得学生制帽的顶上高高耸起,形成一座富士山。也有解散辫子,盘得平的,除下帽来,油光可鉴,宛如小姑娘的发髻一般,还要将脖子扭几扭。实在标致极了。(鲁迅《藤野先生》)

B.我的故乡不止一个,凡我住过的地方都是故乡。故乡对于我并没有什么特别的情分,只因钓于斯游于斯的关系,朝夕会面,遂成相识,正如乡村里的邻舍一样,虽然不是亲属,别后有时也要想念到他。我在浙东住过十几年,南京东京都住过六年,这都是我的故乡,现在住在北京,于是北京就成了我的家乡了。(周作人《故乡的野菜》)

鲁迅先生的语言风格鲜明、精练而深刻,具有突出的讽刺意味。作者善于使用暗喻、明喻等语言手法,把在东京的中国留学生盘起辫子比作"富士山",不仅形象还富有强烈的讽刺意味。而一母所生的兄弟周作人,在文风上却有着清新、质朴和自然的特点。周作人先生笔下的文字往往给人一种不经人工雕饰的风格,当你仔细咂摸一番的时候,发现他的文字也给人一种宁静悠远的意味,同样很耐读。但这种风格和鲁迅先生的文字是不一样的。如果仅从文字上看两人,我们很难相信两人有血缘关系。

如果你有兴致的话,不妨从自己的书架上随意取下两三种书,让你的父母分别念一段给你听,你来猜想每一段文字都是谁写的。你会发现,每个作家都有自己的一套个性化的语言风格,包括林语堂、梁实秋、阿城、金庸、王小波、李敖、冰心、老舍、萧红、沈从文、贾平凹、余华、格非等这些大作家在内。他们的语言各成体系,只要读他们的文章、作品,你便能很容易辨识出这是谁的文字。这不是游戏,一个作家之所以成名,不是没有原因的。越是个性化的、自成体系的语言风格,越能给人留下深刻的印象。

反观同学们在初学作文阶段,大部分同学的文章都没有也不大可能打上个人鲜明的烙印。我们需要很长的时间,甚至一生的努力才可能形成自己的语言风格。不过对任何学习写作的人而言,都必须首先掌握一定的基本方法,才能在这个基础上逐步形成自我的语言风格。

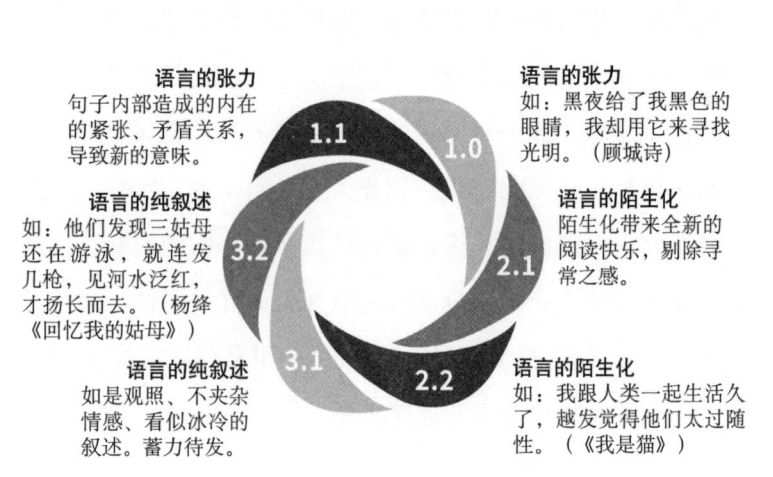

语言的张力 1.1
句子内部造成的内在的紧张、矛盾关系,导致新的意味。

语言的张力 1.0
如:黑夜给了我黑色的眼睛,我却用它来寻找光明。(顾城诗)

语言的纯叙述 3.2
如:他们发现三姑母还在游泳,就连发几枪,见河水泛红,才扬长而去。(杨绛《回忆我的姑母》)

语言的陌生化 2.1
陌生化带来全新的阅读快乐,剔除寻常之感。

语言的纯叙述 3.1
如是观照、不夹杂情感、看似冰冷的叙述。蓄力待发。

语言的陌生化 2.2
如:我跟人类一起生活久了,越发觉得他们太过随性。(《我是猫》)

个性化语言之路值得探索

第 22 课　形成属于自己的文风

叙述是青少年写作中语言表达的第一手段。当然，这也是各种作品中最常用的一种表达方式。它是对文中人物的各种经历和变化，以及事件整个过程的起伏以及场景和空间的转换所做的各种交代。记叙的本质是对在向前流逝的时间之轴中发生、发展出的东西所做的记录，所以记叙和时间的关系是值得我们重视的。随着时间的变化，记叙人物的经历或过程时可以有不同的方式。

最常见的是直叙，就是遵照时间向前发展，不做任何跳跃性的叙述，可以如实地写出在时间线上出现的人与事。我们常听到的一句话是：你不要在写作中平铺直叙，这里的告诫其实指向的是"平铺"，而不是直叙。平铺的写作是没有起伏的，令人见到的是一条直线的、毫无曲折的过程，所以读者不喜欢。实际上大部分文章对过程的叙述都是直叙的，这种方式是最基础而有效的方式，其他的叙述如倒叙、插叙、补叙等，不过是一种变体而已，是改变或部分改变叙述时的时间顺序，从而造成一种特殊的交代效果。

一、语言的张力

有个同学写自己爱抠指甲，说："似乎指甲里面藏着智慧的源泉。"我觉得这样的句子很有张力。抠指甲当然不是一个好习惯，因为不卫生。作者这样写，对自己这个坏习惯有一种揶揄和嘲弄的轻松之感，语言的张力自然就来了。那么，什么是语言的张力呢？

语言的张力本是一种句子之间的内在紧张关系，最早是一名美国学者提出来的，所针对的是诗歌中的语言问题。意思是词语最初的意义和它在语境当中的延伸意义之间形成的某种彼此钳制而依存的关系。作者所写出的句子，其用词、用意如果严格限定在词典的规定当中，就没有丝毫的诗意可言，而如果过分地强调其引申意义、象征意义，又容易给读者造成阅读障碍，一般会显得十分晦涩。所以作者应当让字面意义和引申意义保持一致性，体现出无穷的韵味层次。

造成语言张力的一大基础手段是使用良好的比喻或比拟的修辞，比喻和比拟有相似的地方，都是因两种不同事物才产生的，比喻因某种相似点，比拟因某种相关点，而实现用一方来描绘另一方的修辞手段。我们先看一段经典的案例，这是著名作家迟子建在她的代表作《额尔古纳河右岸》第一段所写的文字：

我是雨和雪的老熟人了，我有九十岁了。雨雪看老了我，我也把它们给看老了。如今夏季的雨越来越稀疏，冬季的雪也逐年稀薄了。它们就像我身下的已被磨得脱了毛的狍皮褥子，那些浓密的绒毛都随风而逝了，留下的是岁月的累累瘢痕。坐在这样的褥子上，我就像守着一片碱场的猎手，可我等来的不是那些竖着美丽犄角的鹿，而是裹挟着沙尘的狂风。

作者开篇给读者呈现出一种富有张力的生命状态。一个年过90的老人，她对生命的体验是无须赘言的，想来她一生一定看尽了富贵荣华、兴衰荣辱，什么没有见过！但作者给予读者的，是"她"跟雨雪相伴一生的生命感喟，在"她"眼中，雨雪不再仅仅是大自然中的自然现象，而是一种生命现象。她和它们彼此相看了90年之久，看老了彼此，就像老友一样熟悉、亲切。这是一种非凡的生命体验，绝非年轻人所能深刻领会的。然而，岁月的流逝带走的是生命中鲜活的种种，留下的是累累瘢痕——这当然是一种富有意味、带有强烈象征色彩的表达，充满了语言上的张力。

在所有造成语言张力的方式上，比喻等修辞是最容易达成的一种。但需要明白一点：没有新意的修辞绝不能达成这种效果。英国作家王尔德曾经就"比喻"打过一个比方，他说："第一个把女人比作花的是天才，第二个把女人比作花的是庸才，第三个则是蠢材。"想想看，如果你的修辞不是富有新意的创造性表达，而是早已被人用烂了的表达，还有什么张力可言？

只有你用自己的思维，把两种不同的事物因某种特别的相似点而融合起来，创造了一种异常新奇的、贴切的句子时，你的语言才有张力可言。钱锺书在《围城》当中，创造了许多富有张力的语言，可以说俯拾皆是。比如在方鸿渐和鲍小姐到一家西餐馆吃饭，却没有一样东西是可口的。钱锺书在文中说："鱼像海军陆战队，已登陆了好几天；肉像潜水艇士兵，会长期伏在水里；除醋以外，面包、黄油、红酒无一不酸。"你看钱锺书的比喻，把已经不新鲜的鱼，用"登陆好几天的海军陆战队"加以形容，形象、鲜活，并且富有幽默和讽刺意味，有很强的语言张力。

打破思维习惯，用异于常规的语法结构造成语言上的张力。著名作家贾平凹的早期散文，呈现出一种特殊的阴柔之美，即使是对社会某些群体的画像散文，也给人轻松愉快的、柔美的感觉，难怪他有段时间专攻美文。然而如果你读到他的一篇叫作《秦腔》的散文，对其开头部分一定感到惊奇。他是这样说的：

山川不同，便风俗区别，风俗区别，便戏剧存异；普天之下人不同貌，剧不同腔；京，豫，晋，越，黄梅，二黄，四川高腔，几十种品类；或问：历史最悠久者，文武最正经者，是非最汹汹者？曰：秦腔也。

第22课 形成属于自己的文风

在这样的开篇当中,语言的张力感是十足的。作者的句式非常特别,似乎让我们见到司马迁在《史记》每篇结束时的"太史公曰",比如在《孔子世家》结束前,太史公曰的最后几句是:"天下君王至于闲者众矣,当时则荣,没时已焉。孔子布衣,传之十世,学者宗之。自天子王侯,中国言'六艺'者折中于夫子,可谓至圣矣!"这样一种非常直接的因果关系的叙述,造成非常强烈的表达风格,放在今天的汉语写作当中,是一种变化了结构而造成的语言上的张力效果。

悖论当中的语言张力。矛盾的双方同时或先后出现,构成整个叙述上的一种张力感。这其实也是常见的一种表达,尤其在许多诗歌中出现得比较多。比如著名诗人顾城的名句:"黑夜给了我黑色的眼睛,我却用它来寻找光明。"在这个句子当中,黑夜与光明是相对的、矛盾的,眼睛在其中也是光明的一种象征,体现的是作者对黑暗的一种强烈的反抗意识。

著名诗人海子的那段家喻户晓的文字:"从明天起,做一个幸福的人,喂马、劈柴,周游世界;从明天起,关心粮食和蔬菜,我有一所房子,面朝大海,春暖花开。"你看,在这样的句子当中,作者运用的词汇一方面是现实的,喂马、劈柴、粮食和蔬菜,都是现实生活中常见的东西,或者说是形而下的,但同时他又放眼大海、理想,春暖花开也含有很强的象征意味。这些词汇组合起来,使句子充满了语言的张力。

在青少年的写作当中,常常不自觉地运用这种方式,典型的表达如下面的例子:

A.母亲是平凡的,然而又是伟大的。平凡和伟大集中在一人身上本是矛盾的,但这种集合带来的张力恰好能证明母亲的特质——拥有无私的母爱。

B.我在痛苦当中体会到一丝愉悦。痛苦和愉悦是矛盾的。作者通过这种表述,把自己的成长感受写了出来,他虽然当时是烦恼不堪的,然而人却是在一些经历中慢慢成长的,这样写就拓展了成长故事的意义。

二、陌生化是一项值得你掌握的写作本领

对青少年来说,取材主要来自日常生活,尤其对记叙文、散文、随笔和日记而言,更是如此。当我们动笔写一个长辈比如爷爷时,我们已经相处了十年之久,我太熟悉他在家中的一言一行、一举一动了;当我想把父母写入作文中时,情况更是如此。有句话叫作"熟悉的地方没有风景",当一个人把目光投向最熟悉的日常生活时,很容易发现:每天处在一种恒久不变的场景当中,如何能写出让人感到新鲜

第 22 课　形成属于自己的文风

的东西？

如果我们早一点接触陌生化的艺术手法，我想，对青少年写作的提高是很有帮助的。以后我们会更深刻理解陌生化的方式，这是一种很有名的文学理论，是俄国形式主义批评家什克洛夫斯基提出来的。这种方法可以给读者提供新鲜的感觉，从而令人的精神为之一振，比如丰子恺有一篇文章，题目叫作《口中剿匪记》，读者看了标题有一种新奇的感觉，什么叫作"口中剿匪"啊？当然，作者开头第一句便解释说："口中剿匪，就是把牙齿拔光。"然而两个词汇"口中"和"剿匪"的组合，确实给读者带来一种新鲜感，这就是陌生化的效果。近年来的许多网络流行语，往往都是这种陌生化手法造成的，比如"你的良心不会痛吗"——我们常说某人没良心，但很少说良心痛，这种组合造成了一种表达上的陌生化。就陌生化的文学理论而言，它主要是指诗歌在用词上的陌生化而给读者带来的新鲜感。如果稍作扩大，青少年在自己的作文当中，也是可以创新出彩，实现一种陌生化的语言效果的。如何实现这一点？

首先，换一种视角试一试。有些青少年在成长过程中，始终没有变化过写作的视角，每当落笔的时候，出现的总是一个"我"字。然而，你想过吗，如果换一种视角来写这篇文章、这个故事，是不是会更好？如果你读过夏目漱石的《我的猫》，也许会立即明白这种写法的好处。当你也尝试以"猫的视角"来观察眼前的世界，叙述一个故事时，你会让自己从一只猫的视角看眼前的风景、眼前的人与事，从而对日常生活产生一种新鲜感。

在一只猫的眼中，它对自己的主人是有点鄙夷的，比如："主人的心情就跟我的眼珠一样，时刻在变化。他是个无论做什么事都只有三分钟热度的男人。而且别看他在日记里表现得如此担心自己的胃病，在外面却一副满不在乎的模样，实在奇怪。在这之前又有一个朋友造访，还是某某学者，他的观点是，任何疾病都是父辈和自己作恶的结果。而且此人展示了丰富的研究成果，条理清晰，语言确凿，气势凌人。可怜我的主人既无反驳的头脑，也无反驳的学问。"

作者以一只猫的视角看待他的主人，对他做出了一种有趣的评价。在猫的表达当中，那种轻微的嗔怪非常明确，给读者的印象很深刻，趣味十足。造成这种陌生化感觉的，恰是视角转变达成的陌生化效果。换作一个人的认识，其表达可能和这个平庸的男人一样平庸，令读者提不起兴趣来。

换一个视角，这里指的不是写童话故事、寓言故事的方式，而是如上面的例子那样，体现出一种脱离作者本人的新角度，换成一种常见的动物视角、换成一种儿童的视角，都容易造成这种陌生而新鲜的表达效果。并且换成一种动物的视角，往往是青少年初学写作的好选择，因为这种变化上手快。

第22课 形成属于自己的文风

其次，重新定位你和人物的关系。在家中，你和父母的关系是两代人之间的一种"尊老爱幼"的关系，你尊重父母，父母深爱你。所以在许多亲情类的作文当中，青少年会不遗余力地向读者展示父母在物质、精神上对自己的关爱，以讴歌伟大的父爱、母爱。这是大家都异常熟悉的一种文章类型。写得好的文章，甚至会催生读者的眼泪。然而必须承认，这种情况越来越难。读者在变化，变得更加聪明，尤其是那些阅卷无数的老师们，通常的情况是：当他读到你文章的开篇时，便猜到了你文章的结尾和主旨，很多时候甚至是在"又是老一套"的感觉中跳读而过的，然后凭借你在语言上面的综合印象，随意给你一个不令人满意的分数。

你想过重新定位你和家人的关系吗？你们在现实生活中，是一种父子（女）关系、母子（女）关系。但在写作过程当中，你想过你和他们在某些重大话题层面进行某种独特的交流，从而打破读者"又是老一套"的认知吗？有一篇高考作文，作者以一封书信的方式，希望和自己的母亲好好谈谈。他再也无法忍受十几年来家中的这种压抑了。多年来在家中，母亲以自己的教育方式把她认定的知识灌输给孩子，终于在这一刻引起了作者心灵上的反抗！他要做自己，要按照自己的喜好读书，要按照自己的想法规划未来，而不是在父母铺设好的道路上平淡而安全地走完一生。作者的文章得到了老师的认可，觉得发出了心灵的呐喊一样，写出了内心真实的声音。从另一个角度看，作者一改过去的乖印象，以文字反抗过往的教育方式，带给读者一种新的教育意义。这是通过重塑作者和长辈（人物）之间的关系而造成的良好效果。生活中的他们依然是母子（女）的关系，但这篇文章就像一篇檄文一样，在"讨伐"母亲过往令人压抑的教育灌输的同时，颠覆了人们的认知。

再次，拉开距离，把自己从日常生活中剥离出来，以看客的视角去营造陌生化的行文效果。你每天置身于日常生活当中，即使你很勤奋地记日记，也会发现年复一年是一样的。当你置身其中而不能跳出日常生活的时候，让自己和日常生活拉开距离，我想：你的文思、你的新意可能会源源不断地到来。

在这样的过程中，如果你尝试着把自己从日常生活中剥离出来，把日常生活中的"你"当作另一个人来写，姑且叫作K吧，你尝试着用自己的文字记录K的生活，把他当作你小说中的主人公，那么就容易造成一种陌生化的效果。对发生在K身上和他周围人之间的故事，以第三者的口吻写出来，你便容易明白什么是陌生化的新奇的语言效果。

最后，别去扮演一个全知全能的上帝角色。我发现，青少年在写作过程中，最常扮演的不是别的，而是一个"上帝"的角色。我们在读青少年的习作时，会发现他一股脑儿地把内容梗概和中心思想，会在全文的前三分之一，甚至第

第22课　形成属于自己的文风

一段当中，全部展示出来，似乎恨不能一下子都告诉读者。这样的做法很不妥当，你固然是你文章的"上帝"——你创作了每一篇习作。但是，当你书写的时候，你需要控制信息，不能一股脑儿地交代出来，要有所保留，体现含蓄。如果你能有"直到文章的最后一个字，我的故事才算结束"的写作意识，你的故事势必越来越好。因为你在写作过程中，已经考虑了读者的阅读感受。

陌生化是文学创作时常用的一种手段，虽然学生写作文是不以文学创作为目标的日常历练，但是借助一些文学创作的手段也是必要的。作文不是一种写作技巧的产物，过去不是，永远不是。

三、关于纯叙述

在后面的"恰当抒情"中，我会对抒情和记叙的融合、捆绑做细致的解释。我认为在常见的记叙文当中，记叙和抒情的关系十分紧密，它们几乎是难以分离的一对双胞胎。而这里的纯叙述就是剥离抒情，单纯用记录的方式行文的情况。

在常见的新闻稿件中，一名新闻记者报道客观事件，是不可以融入自己的抒情和议论的。所谓记者，就是记录者，必须保持一个客观的态度。当然，人物报道、纪实文章等不在此列。而新闻消息是不可以偏离客观事实本身而加入作者的情感或意见的。这就涉及一个纯叙述的问题。纯叙述是一种不掺杂任何感情色彩的冷静的叙述，以把事件过程说清楚为根本目标。然而我们知道，只要是人的叙述，都难免沾染人的感情、注入人的思想，所以在纯叙述当中，不经细致地分析，是难以觉察到作者的思想感情的。

文学家写作时也有纯叙述的情况，比如杨绛在《回忆我的姑母》一文中，对她的姑母杨荫榆之死就有一段纯叙述："一九三八年一月一日，两个日本兵到三姑母家去，不知用什么话哄她出门，走到一座桥顶上，一个兵就向她开一枪，另一个就把她抛入河里。他们发现三姑母还在游泳，就连发几枪，见河水泛红，才扬长而去。邻近为她造房子的一个木工把水里捞出来的遗体入殓。棺木太薄，不管用，家属领尸的时候，已不能更换棺材，也没有现成的特大棺材可以套在外面，只好赶紧在棺外加钉一层厚厚的木板。"

读者在这样的文字当中，见到杨绛先生近乎冷漠的叙述，是一种没有饱含深情的文字记录。从这段话当中，我们见到连串的动词，来记录其姑母遇难的过程。何以如此？其实道理也不复杂。将一个悲惨的事件，不夹杂个人感情忠实记录出来，一方面还原当时的场景，对日本兵的冷酷、残忍有精准的刻画；另一方面也可以为后续集中抒情做铺垫。当

第22课 形成属于自己的文风

然,这是就文学效果而言,如果从一名作者记录亲人遇难的角度来看,用这种叙述方式再现悲剧,能体现出作者保持高度克制的理性,更能彰显记录这件往事的郑重、严肃,就像在客观记录一件重大历史事件。

同时,纯叙述也可以形成一种陌生化叙述的方式,能让读者对整个过程有一种距离感,这是将文学、新闻、艺术和日常生活之间拉开距离所造成的效果。

第 23 课
多读多写有效减少病句

病句是写作过程中常见的一个现象。如果不能在写作时有效避免,就该在修改时充分留意,因为消灭病句是完全可能的。小学生经常写病句,这是典型的语感不强造成的;初中生写病句,除了语感不强这个原因之外,还与不认真的写作态度有关。当然,青少年也不必因此过分自责,要知道,即使每天和文字打交道的编辑、记者甚至作家们,他们在写文章时也总是出现各种病句,只有细致修改,才能完全消灭病句。稍不留神,便会遗漏病句。

为什么富有经验的成年作者在写作时也会出现病句?要知道,写作是将内心语言转化成书面语言的过程,在构思、选材并思考全文结构之后,作者就开始了"码字"的过程。在码字时,他们把心中所想输出为符号化的文字时,经常是无意识地将文字组合成句子,难免出现表达上的偏差,这种偏差主要体现为病句。所以修改是写作不可或缺的一个

第23课　多读多写有效减少病句

步骤。恰如鲁迅先生表达过的："写完后读两遍，对可有可无的字句，果断地删除……"这就是修改。可见，反复读几次是一个必要的步骤。

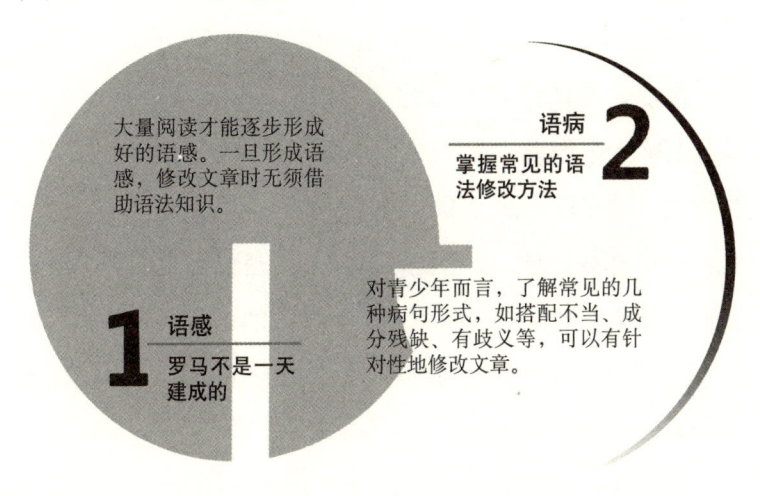

1　语感
罗马不是一天建成的

大量阅读才能逐步形成好的语感。一旦形成语感，修改文章时无须借助语法知识。

2　语病
掌握常见的语法修改方法

对青少年而言，了解常见的几种病句形式，如搭配不当、成分残缺、有歧义等，可以有针对性地修改文章。

修改句子，要么靠语感，要么靠语法

消灭病句的关键在于两点：一是凭借充分的语感，二是凭借语法常识。

必须承认，大量的阅读是语感的来源，一个没有良好阅读习惯的人，是无法实现这一点的。而阅读的神奇之处就在于，养成良好的语感可以让你在阅读文章时，很容易发现句子中存在的各种语病问题，所以无须刻意借助语法也可以实现良好的修改。当你在阅读时忽然意识到不对劲儿，然后你留神细看一下，很快会找出病句，这样的过程就是你的下意识判断过程。当你大量阅读时，这种下意识判断的能力就是你的强语感。

在青少年学习过程中,除了通过大量阅读培养语感之外,在语文学习过程中也会接触汉语语法知识。这里给出常见的语病案例,并从语法的角度予以分析。

比如,有同学在自己的文章中说:"星期一的早上,当新老师走进班级的那一刻,同学们的眼睛便都集中到了她的身上。"在这句话当中,同学们的眼睛都集中到了她的身上,显然是不对的。应当说,同学们的目光都集中到了她身上。这是典型的词语搭配出现问题导致的语病。在各种搭配不当之中,常见的搭配不当有主谓搭配不当、动宾搭配不当、关联词搭配不当等。

再比如,"在这次聆听会上,大家认真地注视和聆听着专家精彩的报告"。很显然,对专家精彩的报告内容,我们可以聆听,但不能注视。这也是典型的搭配不当造成的。更常见的一个典型病句是"人们的生活水平在不断地完善",这里的完善应改成"提高"。诸如此类,这些病句的共性问题就是"搭配",合理、恰当的搭配才能恰如其分地表达句子的含义和作者的思想。同样,如果上面这句话改成"合理、恰当的搭配才能恰如其分地表达句子的含义和思想"就有问题,因为句子可以有含义,但不能有思想,有思想的是人,故而要加上"作者的"。

有时候,病句会让你的表达不清楚,令读者阅读时一头雾水。比如,"我觉得这次考试的成绩不佳,而妈妈觉得还不错,爸爸同意这样的意见"。读者阅读时就会不明白"爸爸"是站在谁的角度上、赞同谁的意见。如果他赞同的是我的意见,则改成"爸爸同意我的看法",反之则改成"他同意妈妈的看法"。再比如,"同桌找不到我们都很着急"。作者要表达的是同桌找不到我们,他很着急,还是同桌找不到东西,我们连带着都很着急?这是作者要说清楚的。再如,一名学生在文章当中说:"迫于生计,父亲必须外出打工,养活全家,支撑起全家的生活,自年少时起,他便是如此。"这里的"自年少时起,他便是如此"是容易有歧义的,因为联系上下文,可以理解为"父亲年少时"便外出打工,然而又可理解成"我自年少时,他便是如此",故而需要作者清晰地说明才好。在小学生的作文当中,偶尔可见这样"黏连"的表达,从而造成表达出现问题。这样的句子修改起来不难,只要作者看一两遍自己的文章,就可以轻松更改。

面对表达不清的问题,在我们不知道哪一句是病句、哪里表达不清的情况下,最好的方法就是反复读。读的时候伴随你的思考,感受句子的意思是否已经清晰地告诉了读者,就很容易找出问题所在。

成分残缺也是经常出现在文章当中的一种语病,尤其是主语残缺是很常见的现象。比如,"经过这次学习,使我明显提高了兴趣"。不管是"经过……",还是"使我……",都是在没有主语的前提下发生的。这句话很难说造成了含义混乱、语义不清,因为我们明白作者想说的意思,但从语法的角度看,确实犯了成分残缺的语病。这句话可以改成:"这次学习使我明显提高了兴趣。"这样一来,"这次学习"就扮演起主语的角色。

再比如,"我的语文老师教学经验十分丰富,在短短的一个月内,把全班的语文成绩提高到了一个新的水平"。细看句子,你会发现,虽然我们同样明白作者要表达的含义,但句子缺乏主语。如果我们加上一个"他"字——"他在短短的一个月内,把全班的语文成绩提高到了一个新的水平",那么整个句子就完整了。有一种非常常见的造成主语残缺的情况,就是含有"使""在……"的句式,如"使我有了进步",你一定要留意是否有主语;而"在……"句式当中,如果去掉"在"字,常常可以让句子的主语回归,这是介词打头的句子时常出现的问题。

当然,不只是主语残缺,宾语残缺也是常见的,如"这次活动,我获得了最佳创意,而班主任李老师获得了先进工作者"。在这个句子当中,部分省略掉的文字造成了句子宾语残缺问题,改成"我获得了最佳创意奖,而班主任李老师获得了先进工作者的称号",句子就完整了。

对各种常见的语病而言,除了可以专项了解、做专项

第 23 课　多读多写有效减少病句

练习之外,还要彻底提高语感,凭借自己的强语感来杜绝病句。从某种意义上说,"消灭病句"是一个比较理想的情况,需要我们在较长的写作过程中逐步克服。这种进步常常是可见的,当你到了小学五六年级时,小学三、四年级时常犯的语病错误便不见了;当你到了初中时,小学常见的语病错误便消失了。总之,你读得多了、写得多了,语病便会逐渐消失。

第 24 课

养成给自己改作文的习惯

一篇文章写完了,对其作者而言意味着什么?有人松了一口气,觉得完成了一项任务;有人觉得完成了一次作业。然而对那些真正重视写作的青少年而言,这并不意味着完工。完成的文章不过是初稿而已,真正的修改和加工才刚刚开始,好文章是修改出来的,这是语文界对写作的一种共识,更是自古以来文人墨客们创作必经的一个过程,即使再有才华的伟大作家,其作品也是在反复的修改中完成的。

一、使用修改工具,用专门的修改符号留下修改痕迹

文字修改有两个境界。第一个境界是改掉你的错别字、病句以及明显不够准确的地方。修改文字无非是让表达

第24课　养成给自己改作文的习惯

更准确、更生动而已。第二个境界是找到最能表达你的思想的句子。相信你听过唐代诗人贾岛"推敲"的故事。在一句诗当中，到底是用"推"字好，还是用"敲"字好呢？诗人颇费踌躇，以至于耗费了不少时间，而他自己则沉浸在这种深深的思考当中，据说还反复用"推、敲"两种不同的手势比画，来营造真实的过程。对古诗的修改而言，一个字的修改会牵一发而动全身，影响全文的表达。对今天的青少年而言，初学写作的人可以先着手修改文字，通过前后的对比可以发现修改的效果。

既然要修改，就要使用一定的修改工具。我指的当然不是铅笔和橡皮，而是一种在社会上通行的修改符号。在出版领域，一本稿子在正式印刷之前，是需要在作者、编辑、校对、审读、排版等人员之间进行流转的，而大大小小的修改符号就是他们通用的修改工具，这样才便于所有人的改动具有普适的意义。如果其中一个人的修改符号不专业，带着自己的创造发明色彩，势必给他人阅读稿件造成很大的麻烦。

对青少年写作而言，如果能在自己的手写稿上用专业的符号来修改，其本身是一件值得做的事情。得心应手地使用修改工具，对你未来走向专业的创作很有好处。我们先来认识一些常见的修改符号，以青少年写作中常见、常用的为主。各种符号往往是一目了然，一学就会的。

(1) 删除。圈住需要删除的文字，然后以延长线的卷曲方式移除它们。对一些句子中的赘余词语，我们需要果断地、毫不客气地删除，从而实现句子的简化"瘦身"，让语句更加简洁明快。

(2) 替换。也叫作改正，是用新的文字内容替换原有的文字。常见的替换是把搭配不当的词语替换成更适合的词语，这在小学生写作中很常见。

(3) 增补。对一个作家而言，增补是十分重要的修改工具之一。作家在改稿的过程中，常常将目光停留在某处，而产生了新的想法，便会提笔增加一段文字内容，有时是细节刻画，有时是环境描写，有时是新的情节，等等。增补对青少年写作而言，不但是重要的工具，还能促使行文内容更加饱满。

(4) 文字对调。这是一种不算很常见的修改方法。偶尔需要将因笔误造成的词汇进行对调，从而让句子更通顺。

(5) 接排。把两个段落衔接成一个自然段落。不算很常见的一种方式。只有当你的叙述没有结束而分段时，需要将这两个段落合成一段。

(6) 另起。把一个段落分成两个段落，让文章的层次更清晰。对小学生而言较为重要，因为小学生常常习惯将一篇文章写成三个段落，简称"三段式"作文，两头短小，中间臃肿。这时我们可以运用"另起"的工具，把中间相对臃

第 24 课　养成给自己改作文的习惯

肿的段落再分段，从而让文章的结构更清晰，文章的效果更好。

（7）保留。如果改错了，在复原时可以在原文下画上三角号，表示"保留"，不予改正。这个工具在编辑修改稿件时偶尔用到。

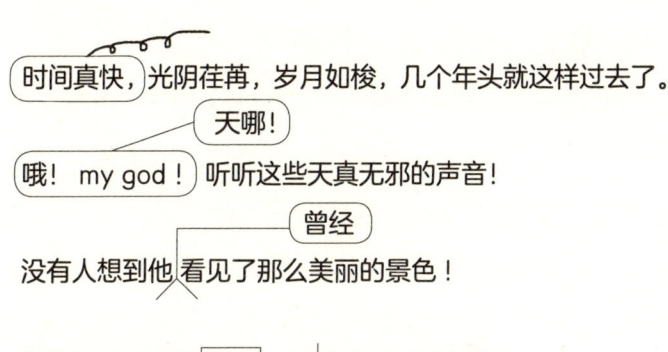

时间真快，光阴荏苒，岁月如梭，几个年头就这样过去了。

天哪！
哦！ my god！ 听听这些天真无邪的声音！

曾经
没有人想到他看见了那么美丽的景色！

您旅行所需要的 费用 一切 全都由我来支付。

出现在眼前的一座美丽的城市。
人们把这座美丽的城市称为米兰。在这个城市里……

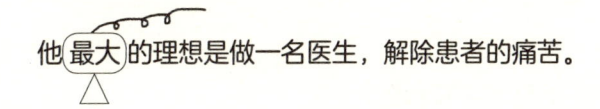

他 最大 的理想是做一名医生，解除患者的痛苦。

常见的修改符号

上面列举的是几种常见的修改工具，其中删除、替换、增补和另起对青少年写作而言，是很重要的修改工具，如果能在写作过程中经常运用，对文章的提升、完善是极有帮助的。当然，对一个认真的孩子而言，如果一篇文章经过反复几次修改，既可以保留原稿，也可以将修改幅度比较大的文章重新誊抄一遍。我们不要小看誊抄，其实在誊抄的过程中，你对这篇文章的印象会更深刻，对自己构思、写作和修改的整体过程可能产生新的认识，所以如果有时间、有必要，不妨对作了大量修改的文章再次誊抄一遍，相信你会有更大的收获。

如果有同学习惯用电脑写作，也可以在Word或WPS中使用"修订"工具，这样你可以保留修改的痕迹。修改完毕，可以"输出为PDF"或者图片，这样你可以清晰看到修改之处。如有条件还可以打印出来，再做修改。以上的各种修改方法，其实都是写作过程的一部分，对能写出好文章的人而言，基本上都认同"好文章是改出来的"这一理念，他们在修改过程中不仅提高了自己的写作水平，还能保持良好的写作兴趣。

二、修改习惯的养成

用专业工具来修改文章，是一种认真、负责精神的体现。使用修改符号，不是为了让文本看起来不乱或整洁，这不是主要目的。而是在修改的过程当中，一方面可让内容清

第24课　养成给自己改作文的习惯

晰，另一方面可以很好地保留我们的思考痕迹。就像我们在书中的空白处写读书心得一样，这也是融入文本甚至再创造的一种方式。养成修改习惯，对我们记录和丰富文本有很大的帮助。

用专业符号修改还体现了写作的仪式感和专业程度。当然，如果你有用电脑写文章的习惯，在电脑上直接修改也是可以的。其最终的目标，都是让自己的文章达到最佳。在这里我特别强调修改的"仪式感"，不少青少年将写作视为畏途，看作一件令人头疼的事情，其实大可不必。当前青少年写作中的一大问题就是交了稿，就算完成了写作训练。有的学生甚至对语文老师给出的具体意见看都不看，这是不合适的。老师的修改意见，可以帮助你进步、提升写作能力，还能养成良好的写作习惯。如果你能抱着一种郑重的、正式的、当作一件大事而非任务的"仪式化"心态，去修改自己的文章，我想，你的进步一定更快。

三、充分打磨

文章写完之后，一项任务自然就结束了。在你创造它之前，这篇文章是不存在的。这也是很有趣的一件事儿。看着你独自完成的一篇文章，它真实而鲜活。然而，并非所有的文章都能称为作品，即使如沈从文这样的大作家，他也经常说："我的小说不过是习作。"

文章写完后便束之高阁，或者交给老师看，在老师阅过之后便束之高阁，乃至不知去向，这是令人遗憾的一件事儿，更是养成了不良的写作习惯。良好的习惯应该是：文章写完后立即投入时间和精力进行修改，或者间隔一两天的时间，在这段时间里你先去做别的事情，比如，攻克数学难题或者背英文单词，然后再来打磨你的文章，让它臻于完善，达到最佳。

对一篇文章而言，有时打磨比写作本身还关键。一篇好的文章，常常是作者反复打磨的结果。即便是大作家，其作品也常常反复修改。曹雪芹在《红楼梦》当中说，批阅十载，增删五次。这意味着什么？即使是千古绝唱《红楼梦》，即使作者才华横溢，其作品也是在反复的长时间的打磨中完成的。我相信，一代文豪曹雪芹，为修改作品付出的心血和代价是巨大的，所以他的收获也同样巨大。想一想，如果曹雪芹没有下"批阅十载、增删五次"这样的苦功，他的《红楼梦》也许难以登上古典文学的最高峰！

如何打磨自己的文章或作品？从哪里入手，才能逐渐养成好的修改习惯？

首先，安排材料时要想一想是否做到了有详有略？详略得当是合理布局的关键。如果你是一名军事指挥家，面对

第24课　养成给自己改作文的习惯

敌人不同方向的来袭，势必要合理安排你的兵力，从而在敌人薄弱的环节冲出包围圈。像李云龙（《亮剑》中的主人公）那样，从正面突出重围的时候，永远是少数，是违背基本的军事法则的。详略得当是让全文材料各尽其责的关键，是让作文摆脱流水文的关键。对那些能够重点突出人物形象、表达文章主题的段落，我们要不惜笔墨，甚至是浓墨重彩；对那些和主题关联不大的材料，我们可以一笔带过，有时甚至可以干脆删除。在学习写作的道路上，我们要有改正的勇气和智慧。

在结构删减的单元里，我已经强调了结构调整的必要。我发现，许多青少年的作文修改停留在遣词造句的层次，这是不够的，我们有时需要幅度较大的删减。不要想到自己的文章花了两小时才写出来，现在要对它"大刀阔斧"地进行删减，觉得痛心不已。其实，和你的成长相比，大刀阔斧的修改完全是必要的，因为你在修改过程中可以领悟"精进"的方法，训练写作能力。想一想，你经过两小时的写作而写出的文章却是不合格、平庸的文章，那么为什么不做一番精心的修改呢？一定要牢记：好的文章永远是改出来的。你一定听过贾岛的故事——"两句三年得，一吟双泪流"——三年吟得两句是什么概念？这两句诗分量是何其重？

其次，风格的逐步成形和形成。对一个学习写作的青少年而言，最难得的是形成自己的风格。你的语言风格一旦形成，那么就像一个有着独特风格的作家一样，某些句子、某种特色的表达只能出现在你的文章当中，往往是别人模仿不来的。但形成自己的风格，往往需要大量的时间，以及精心的打磨。许多作家对语言的要求极高，反复打磨，直到自己对每个句子的安排都感到满意才肯罢手。这是一种追求完美的伟大精神，这样的精神在青少年写作当中是比较匮乏的。反复修改到什么程度？所有的句子改到再也改不动为止——所谓的改不动不是作者因疲惫而没法继续写作的意思，而是整个篇章当中句子的安排十分到位，再改已经没有意义，整体上已经趋近完美。

对青少年而言，修改是一种态度，更应落实在自己的日常习惯中。即使我们不是为刊登作文也要进行修改，因为这是自我成长的一种需要。

再次，打磨的时间和频度问题。也许有人会说："我的时间很少，还有很多作业要做，没时间连续修改到完美的程度。"其实，我们除了可以集中时间来打磨修改文章，还可以利用零碎的时间。你写完后可以放上一两天、两三天的时间再去修改，或者在你的语文老师、你的同窗好友给出某些意见之后再去修改，也是不迟的。一个有着修改习惯的作者，完成写作后会下意识地思考如何修改文章，所以过了两三天之后再来修改，其效果往往可能会更好。我们需把写作

第24课 养成给自己改作文的习惯

和修改看成一个整体连贯的动作,但不是必须在写完之后"趁热打铁"去修改。有良好修改习惯的青少年,即使是修改上年写过的一篇文章,一方面可以体会到修改的乐趣,一方面可以感受到自己一年来的提高——也许你会觉得一年前的自己,为什么写得那样幼稚?当你有这种感觉的时刻,就意味着你已经进步了。

最后,颠覆式修改。"修改"给人的印象好像就是小修小补就能得到完善,对一篇相对成形的文章而言是这样的,字句的修改、部分结构的调整和增补便可以实现文章的"华丽转身"。但对青少年而言,许多习作仅靠小小的修改难以解决大问题!所以,有时候还需要进行"颠覆式修改"。所谓"颠覆式修改",甚至可能是将初稿推倒重来,用新的思路重新构思、重新安排全文的结构,可以用原来的素材,只是在整体的构思和手法上有颠覆式的改变。

举一个例子。一名小学生以《共享单车——伤痕累累》为题,写了一篇集观察和议论于一体的有点杂糅的文章,作者对自己在大街上见到的现象——不少人破坏共享单车发表了自己的意见。文章的部分内容加入了"单车"的感受,用了"哭泣、病例"等字样。所以我在修改意见当中,建议这位学生化身"共享单车",以全文拟人的手法来展示这种人为破坏带给单车的痛苦,这样一来全文就有了一个"倾诉性的线索人物"。从单车的视角来写,不仅手法富有新意，而且还能灵活展示"单车"的痛苦。总之，想象作文的手法很灵活，适合小学生，也容易创新出彩。

当文体发生变化后，这样的修改往往就是颠覆式的——不再杂糅着作者不很成熟的议论，而是赋予一辆单车以生命力。采用想象作文、童话故事的方式来写，这样的修改保留了原文的素材，但修改绝不是小修小补，是一种彻底的改变。

总之，文章的打磨需要我们反复思考，并动手实践。毕竟写作是一件实践性很强的事情，理论只能起到一种指导、指引的作用，你在反复打磨过程中会收获很多具体的技巧，这些技巧的获得，较之在网络上、在他人的灌输下得到的，要来得更真切、更有意义。